gardd
mewn
tref

a cottage
garden
in town

gardd mewn tref / a cottage garden in town

Stuart Blackmore

Gomer

Cyhoeddwyd yn 2014 gan
Wasg Gomer, Llandysul, Ceredigion SA44 4JL
www.gomer.co.uk

ISBN 978 1 84851 816 2

Dymuna'r cyhoeddwyr gydnabod cymorth
Cyngor Llyfrau Cymru.

Argraffwyd a rhwymwyd yng Nghymru gan
Wasg Gomer, Llandysul, Ceredigion.

Published in 2014 by
Gomer Press, Llandysul, Ceredigion SA44 4JL
www.gomer.co.uk

ISBN 978 1 84851 816 2

The publishers wish to acknowledge the financial support
of the Welsh Books Council

Printed and bound in Wales at
Gomer Press, Llandysul Ceredigion

Cydnabyddiaethau

Hoffwn gyflwyno'r llyfr hwn i Ysgol Dewi Sant, ac yn enwedig er cof am Miss Inez Thomas. Go brin ein bod ni, ddisgyblion y pumdegau, yn sylweddoli mor arloesol oedd yr ysgol yn y gwaith o amddiffyn ac ymestyn ein hiaith a'n diwylliant. Yno y dysgais sut i ddarllen, ysgrifennu a charu dwy iaith.

Hefyd, i Gynllun Sabothol yr Iaith Gymraeg, a ddarperir ar gyfer athrawon gan Brifysgol Caerdydd ac yr oeddwn yn rhan ohono yn 2008, lle'r ailgyneuwyd fy awydd i ysgrifennu yn Gymraeg.

Tynnwyd y rhan fwyaf o'r lluniau gennyf fi yn fy ngardd fy hunan gan ddefnyddio camera digidol PowerShot Λ430. Llanwyd y bylchau yn fy nghofnodion gan luniau a dynnwyd yng Ngardd Fotaneg Genedlaethol Cymru ac yng ngerddi Aberglasne (rwyf yn aelod yn y ddau le anhygoel hyn) ac yng ngerddi ffrindiau. Hoffwn ddiolch yn y cyswllt hwn i'm mam, Mair Blackmore, yn Llanelli; Anthony a Brigitte Ward yng Nghaergaint; Michael King a Ton Weesepoel yn Amsterdam; Annette Townsend a Pat Murdoch yn Bradford-upon-Avon; Judy a Cameron Clarke yn Fife; ac i Ian Morgan, a roddodd gymorth i mi adnabod rhai o'r trychfilod. Hefyd, diolch i lu rhy niferus i'w henwi, sydd wedi cyfrannu i'r drafodaeth ac wedi fy nghefnogi yn ystod y broses o gynhyrchu'r llyfr hwn.

Yn olaf, ond nid lleiaf, diolch i'm golygydd Bethan Mair, ac i bawb yng Ngwasg Gomer, yn enwedig Elinor Wyn Reynolds, y dylunydd Gary Evans a'r cysodydd Gari Lloyd, sydd wedi ymdrechu i hwyluso'r fenter.

Acknowledgements

I would like to dedicate this book to Ysgol Dewi Sant and to the memory of Miss Inez Thomas particularly. Little did we pupils realise in the fifties what a pioneering place it was for the defence and furtherance of our language and culture. There I learnt to read, write and love two languages.

Also, to the Welsh Language Sabbatical Scheme, run for teachers at Cardiff University, which I undertook in 2008, where my desire to write in Welsh was rekindled.

The majority of the photographs in this book were taken by me in my own garden with a Canon PowerShot A430 digital camera. Gaps in my record were filled with shots taken at the National Botanic Garden of Wales and at Aberglasney Gardens (I am a member in both these wonderful places) and in the gardens of friends. I would like to thank particularly my mother Mair Blackmore in Llanelli, Anthony and Brigitte Ward in Canterbury, Michael King and Ton Weesepoel in Amsterdam, Annette Townsend and Pat Murdock in Bradford-upon-Avon, Judy and Cameron Clarke in Fife in this respect and Ian Morgan for advice in identifying some of the bugs. Also, my thanks are due to many others, too numerous to mention, who have contributed to my support and to discussion during the process of producing this book.

Last but not least, thanks to my editor Bethan Mair, and to everyone at Gwasg Gomer, particularly Elinor Wyn Reynolds, the designer Gary Evans and the compositor Gari Lloyd who have made every effort to ease the venture.

CYNNWYS ❦ CONTENTS

Yr ardd, a minnau, yn y blynyddoedd cynnar
The garden, and the author, in the early years

Yr ardd, a minnau – hen gyfeillion erbyn hyn
The garden, and the author – old friends

Pennod 1

Cyflwyno'r Ardd

Mae'r llyfr hwn yn ddisgrifiad o ardd fechan sydd wedi'i phlannu yn arddull gardd fwthyn. Darn o dir digon cyffredin yw'r ardd fwthyn hon, y math o lain hirsgwar sydd i'w gael yn aml y tu ôl i dŷ teras Cymreig. Mae fy ngardd i yng nghanol tref Llanelli, y dref fwyaf yng ngorllewin Cymru, mewn pant rhwng dwy stryd a heb unrhyw ardd fawr gyfagos, a'r coed agosaf tua stryd i ffwrdd. Mae'r pridd yn dywyll ac ysgafn, fel glo mân a morter yn gymysg. Felly, er ei bod yn wynebu'r de, nid yw'r llain tir mewn sefyllfa ddelfrydol i greu gardd.

Er hyn, dros y blynyddoedd, llwyddais i greu mangre sy'n rhoi pleser personol a bodlonrwydd i mi. Mae llu o ymwelwyr wedi fy argyhoeddi ei fod yn lle arbennig

Chapter 1

Introducing the garden

This book describes a small garden planted in cottage garden style. The garden is on an unremarkable piece of land as is typically found behind a Welsh terraced house. It is in the centre of Llanelli, the largest town in west Wales, in a dip between two streets with no large gardens nearby and the nearest trees a street away. The soil is dark and light, like mortar mixed with coal dust. Thus, although it faces south, it is not the most auspicious place to make a garden.

Nevertheless, over the years I have succeeded in creating a haven that gives me personal pleasure and satisfaction. Many of my visitors have convinced me that it is a special place and that I

ac y dylwn rannu fy mhrofiadau o greu'r lle er mwyn i eraill ddysgu sut y daeth i fod. Dyma fi felly yn gwrando ar gyngor eraill, ac yn rhoi ychydig o'm profiadau personol rhwng dau glawr. Nid llawrlyfr garddio mo hwn, na disgrifiad manwl o'r holl blanhigion, gan fod llyfrau o'r fath yn bodoli'n barod. Yn hytrach, llyfr gonest am fy mhrofiadau fel amatur sydd yma, yn ymateb i anogaeth ffrindiau. Ceisiaf esbonio fy athroniaeth a rhannu fy mhrofiad o'r planhigion a dyfais i, yn y gobaith y bydd eraill â gerddi bach tebyg yn cael ysbrydoliaeth a hwb gan y llwyddiant a brofais innau.

Esblygodd arddull yr ardd fwthyn yn y bedawredd ganrif ar bymtheg fel dull ymarferol ond addurniadol sy'n cymysgu elfennau ffurfiol gyda phlannu cymysg, graddfa fach y tyddynnwr gwledig. Crwydrodd yr ardd fwthyn fodern yn bell o'i gwreiddiau erbyn hyn, lle byddai'r tyddynnwr druan yn ymgodymu â thyfu llysiau i gynnal ei deulu. Serch hynny, mae elfennau o'r athroniaeth wreiddiol yn goroesi. Dyma arddull syml, swynol, anffurfiol sy'n dwyn i gof amseroedd llai prysur. Derbyniwyd yr arddull gan y sefydliad garddio, diolch yn bennaf i awduron fel William Robinson a Gertrude Jekyll a gydnabu amser maith yn ôl rinweddau planhigion gwydn cyffredin.

Roedd y ffordd draddodiadol yn ymarferol, gan gymysgu llysiau a blodau gyda'i gilydd. Mae'r ardd fwthyn fodern

should share my experience in writing so that others can learn how it came about. Here I am, therefore, responding to this and writing down a little of my personal experience. This is not a gardening handbook, nor a detailed description of all the plants, as such books already exist, but an honest description of my experiences as an amateur in response to the request of friends. I will attempt, therefore, to explain my philosophy and standpoint and share my experiences of the plants I have grown in the hope that others with similar plots will be inspired and encouraged by my small success.

The cottage garden style evolved in the nineteenth century as a practical but decorative way that mixed formal elements with the small-scale, mixed planting of the rural cottager. The modern cottage garden has moved far from its origins with the poor cottager continually struggling to grow vegetables to sustain the family, but elements of the original philosophy survive. It is a simple, pretty, informal method that harks back to less hurried times. It became accepted by the gardening establishment thanks to authors like William Robinson and Gertrude Jekyll who acknowledged the virtues of ordinary, hardy plants long ago.

The original style was practical, mixing flowers and vegetables together. The modern version is chiefly more

Mae sgerbwd yr ardd yn amlwg ym mis Chwefror.

The bare bones of the garden are obvious in February

yn tueddu i fod yn fwy addurniadol, ond
yn dal yn hollol ymarferol serch hynny.
Hefyd, rhaid iddi fod yn haws ei chynnal
nag erstalwm gan fod amser mor brin
i arddwyr modern. Mae'n arddull sy'n
addas i bob math o erddi, nid dim ond
bwthyn neu dyddyn gwledig, ac mae'n
siwtio'r darn bach o bridd a geir y tu cefn
i dai teras Cymreig i'r dim.

Yn ogystal, gan fy mod yn fywydegwr
proffesiynol â doethuriaeth mewn
gwyddoniaeth yr amgylchedd, rwy'n
awyddus i fabwysiadu dull ecolegaidd
fydd yn helpu gwella a chynnal yr
amgylchfyd. Nid syniadau newydd
mo'r awgrymiadau hyn; mewn ffordd
rwy'n dychwelyd i synnwyr cyffredin
y tyddynnwr nad oedd ganddo fodd o
ddefnyddio'r arfau cemegol gwenwynig
modern. Felly, gwnaf fy ngorau i annog
natur cymaint ag y gallaf gan ffafrio'r
technegau a'r dulliau sy'n hyrwyddo
bywyd gwyllt.

Prin y bydd gerddi bwthyn yn fawr.
Siâp hirsgwar bychan yw fy ngardd
innau ond tyfaf ryw ddau gant o fathau
gwahanol o blanhigion! Egwyddor yr
ardd fwthyn yw cael y mwyaf allan o
le bach. Defnyddiwch bob modfedd i
dyfu planhigion sydd wrth eich bodd
a gadewch iddyn nhw ledu a hadu'n
naturiol i lenwi'r ardd. Peidiwch â chael
gormod o lawnt, nid yw'n werth yr
ymdrech mewn lle cyfyng, ond plannwch
yn drwchus, mewn tonnau anffurfiol yn

decorative, but practical nevertheless.
Also, it must be easier to maintain than
traditionally as time is so short for
modern gardeners. It is a style suitable
for all sorts of gardens besides country
cottages, but particularly fitting for the
small patch of land behind traditional
Welsh terraces.

I am also eager to adopt an
ecological approach that will improve
and sustain the environment as I am a
professional biologist whose doctorate
is in environmental science. These ideas
are not new; in a way, it is a return to
the common sense of the old cottager
who didn't have the armoury of modern
poisonous chemicals at his disposal.
Thus, I do my best to encourage nature
as much as possible and favour methods
and plants that tend towards wildlife.

Cottage gardens are rarely large;
mine is just a small rectangle but I grow
nearly two hundred different kinds of
plants! The cottage garden economy
gets the most out of a small space. Use
every inch to grow plants you like and let
them spread and seed naturally to fill the
garden. Don't have too much lawn, it isn't
worth the bother in a small space, but
plant thickly, in informal drifts rather
than straight lines, with soil visible
between.

When planning your garden, perhaps
you will find a formal plan is best as the
planting will be loose and this can appear

Gogoniant y gwanwyn pan oedd yr ardd yn fwy agored, cyn i'r llwyni sefydlu
The glory of spring in a more open setting, before the shrubs established

hytrach na llinellau syth, a'r pridd noeth i'w weld rhyngddynt.

Wrth gynllunio'r ardd, efallai y gwelwch mai cynllun ffurfiol sydd orau fel na fydd y plannu rhydd yn ymddangos fel pe bai wedi'i esgeuluso. Nid yw fy ngardd innau'n un ffurfiol ond mae wedi'i rhannu'n barthau pendant. Wedyn, penderfynwch ar goeden neu lwyn mawr; does yr un ardd yn rhy fach os dewiswch yr un cywir (gweler pennod 3). Mae coed yn rhoi uchder, cymeriad a strwythur fertigol, yn ogystal â bod o fudd ecolegol. Hefyd apeliaf arnoch (oni bai bod plant bach gennych) i gynnwys pwll dŵr gan ei fod yn gymaint o hwb i ecoleg yr ardd.

neglected. My garden is not formal but it is divided into definite areas. Next choose a tree or large shrub; no garden is too small as long as you make the right choice (see chapter 3). Trees give height, character and vertical structure, in addition to being of ecological benefit. Also, unless you have small children, I appeal to you to include a pond as it is such a boost to the ecology of the garden.

Un ardd, sawl golygfa

One garden, many vistas

Ar ôl plannu'r goeden, gosod y llwybrau a'r pwll, gallwch ddewis rhai llwyni a phlanhigion sy'n dringo ar gyfer y waliau i greu naws amgaeedig 'gardd gudd'. Peidiwch ag anghofio'r rhosod dylent fod ymhlith y planhigion cyntaf i'w sefydlu. Gosodwch ambell lwyn bythwyrdd i roi sail solet, yn enwedig yn y gaeaf, ond cofiwch y dylai gardd fwthyn adlewyrchu tro'r tymhorau heb unrhyw ymddiheuriad. Dyw llwyni undonog o gonwydd a grug ddim yn ysbryd yr ardd fwthyn o gwbl. Gan ein bod am i'r ardd fod yn hawdd ei thrin, dylai'r rhan fwyaf o'r plannu fod yn blanhigion lluosflwydd gwydn, ynghyd â rhai unflwydd neu ddeuflwydd sy'n hadu o gwmpas yn hawdd. Drwy wneud hynny, ni fydd angen eu hailosod bob blwyddyn. Dylai gardd fwthyn fod yn lliwgar ond ceisiwch osod lliwiau sy'n cydweddu lle bo'n bosib; yn fy ngardd i ceisiaf gadw'r melyn a'r oren i un ochr, a'r pinc a glas i'r ochr arall, ond wedi dweud hynny, dydw i ddim yn rhy haearnaidd ynghylch hyn. Defnyddiwch y ffefrynnau henffasiwn y mae eu henwau'n dwyn i gof awyrgylch byd a aeth heibio, megis troed-y-golomen, trwyn-y-llo, mantell-y-forwyn, dagrau'r Iesu ac yn y blaen. Ceisiwch osgoi talpiau mawr o'r un planhigyn; cymysgwch gymaint o amrywiaeth â phosib. Anelwch at gael olyniaeth o liw a diddordeb gydol y flwyddyn. (Gweler y tabl ar dudalen 247)

Having planted your tree, placed the paths and the pond, you can go on to choose some shrubs and climbers for the walls to create that secluded 'secret garden' atmosphere. Don't forget roses they should be among the first to get established. Some evergreens will give solidity, especially in winter, but the garden should reflect the changing seasons unashamedly. Monotonous conifers and heathers are far from the spirit of a cottage garden. For ease of maintenance, most of the planting should be hardy perennials, with some annuals and biennials that will seed themselves about. This avoids having to replant annually. The garden should be colourful but try to place colours that don't clash if possible; in my garden most of the yellow and orange are on one side, with pink and blue on the other, without being too prescriptive about it. Use the old favourites whose very names conjure up the old-world atmosphere, such as columbine, snapdragon, lady's mantle, bleeding heart etc. Try to avoid large masses of the same thing; mix as much variety as possible. Aim to have a succession of colour and interest throughout the year. (See table on page 247)

Nid oes llawer o werth mewn cymysgu llysiau ymysg y blodau mewn gardd fechan ond yn sicr dylid dod o hyd i le i berlysiau gan eu bod yn ddefnyddiol, yn ddeniadol, yn hawdd eu tyfu ac yn llawn neithdar ar gyfer y gwenyn. Maent yn perarogli hefyd a dylai gardd fwthyn fod yn llawn o arogleuon hyfryd. Hanfod yr arddull yw rhosod a gwyddfid peraroglus o amgylch y drws. Bellach mae'n hawdd cael gafael ar blanhigion cynhenid sy'n addas i'w tyfu mewn gardd fwthyn, megis clychau glas, briallu, bysedd-y-cŵn ac yn y blaen. Cofier na ddylid byth drawsblannu'r rhain o'r gwyllt.

Anelwch at dreulio rhai munudau yn yr ardd bob dydd pan fo'r tywydd yn caniatáu, yn hytrach na brifo'ch cefn mewn marathon o arddio wrth ymladd wythnosau o esgeulustod. Tamaid yn damaid yw'r ffordd orau o gynnal gardd fwthyn. Os yw'r ardd wedi ei phlannu'n ddigon dwys, gellir treulio'r amser yn tocio a thrawsblannu yn hytrach na chwynnu a thorri lawntiau. Os byddwch yn wyliadwrus, gellir difa unrhyw bla a haint fel y codant eu pennau gan nad oes neb a chydwybod ganddo'n defnyddio llawer o gemegau heddiw. Os byddwch

There isn't much point in mixing vegetables between the flowers in a small garden but you should certainly find room for herbs as they are useful, attractive, easy to grow and full of nectar for the bees. They also smell wonderful and a cottage garden should be full of lovely scents. Essential to the style are fragrant honeysuckle and 'roses around the door'. It is easy nowadays to obtain suitable native plants like bluebells, primroses, foxgloves etc. Remember that these should never be uprooted from the wild.

Try to spend a few minutes in the garden every day if the weather allows, rather than doing your back in with a gardening marathon to tame weeks of neglect. Little by little is the best way to maintain a cottage garden. If the garden is sufficiently thickly planted, time can be spent pruning and transplanting rather than weeding and cutting lawns. A watchful gardener can keep on top of pests and diseases as they arise, since no one with a conscience uses many chemicals these days. If you encourage birds and beneficial insects, they will prevent most pests from destroying your

yn annog adar a phryfed llesol, byddwch yn atal y rhan fwyaf o blâu rhag difa eich planhigion beth bynnag. Mae gwrtaith organig fel gwaed, pysgod ac asgwrn, neu dom anifeiliaid, yn well ar gyfer maethu'r pridd ac yn adnodd gwerthfawr i annog tyfiant dwys. Bydd pob garddwr da yn gwneud compost o bob gwastraff llysieuol i'w ddefnyddio fel gorchudd llesol ar y pridd y tymor canlynol.

Yn olaf, peidiwch â phryderu'n ormodol am y rheolau, na glynu at yr hyn mae'r llyfrau'n ei ddweud wrthych, na beth sydd mewn ffasiwn. Mae'r ardd fwthyn yn deillio o draddodiad ecsentrig ac felly gwnewch fel y mynnwch. Eich gardd *chi* yw hi, ac fe ddylai adlewyrchu eich personoliaeth a'ch chwaeth chi. Gwnewch hi'n lle arbennig i chi eich hunan. Mae gardd fwthyn yn bersonol iawn, a heddiw mae'n golygu newid agweddau digyfnewid a chwalu gwerthoedd traddodiadol â thro modern. Mae'r bywyd modern yn galw arnom i fabwysiadu agwedd mwy anffurfiol i'n hamdden a does dim yn fwy ymlaciol na gwyrddni, a dim yn fwy ysbrydoledig na blodyn prydferth. Mae'n bwysig i bob un ohonom wneud ein rhan i warchod ein treftadaeth, y dreftadaeth arddio a'r dreftadaeth naturiol. Nid gardd fwthyn mohoni os nad yw'n cael ei charu gan ei pherchennog, ac fel y gwyddoch, gobeithio, does dim yn peri ffyniant fel cariad!

plants anyway. Organic fertilisers like blood, fish and bone, and rotted animal manure are better for feeding the soil and are a precious resource for luxuriant growth. Every good gardener makes compost from all vegetative waste to use as a beneficial mulch the following season.

Lastly, don't worry too much about the rules or stick to what the books say you must do or do what is in fashion. The cottage garden arises from a tradition of eccentricity so please yourself. It's your garden, and it should reflect your personality and taste. Make it your own special place. A cottage garden is a very personal thing, and today means changing established attitudes and challenging traditional values with a modern twist. Modern life requires us to adopt a more unstructured attitude to our leisure and nothing is more relaxing than greenery or more inspiring than a beautiful flower. It is important that we all play our part in protecting our heritage, the gardening heritage and the natural heritage. It won't be a cottage garden if it is not loved by the owner, and nothing, as I hope you know, causes flourishing like love!

Pennod 2

Yr Ardd Drwy'r Tymhorau

Un o brif amcanion garddwr mewn gardd addurniadol yw cael lliw a diddordeb gydol y flwyddyn. Dylai'r ardd feddu ar strwythur cadarn sy'n edrych yn ddeniadol drwy'r tymhorau heb ddibynnu ar flodau. Am y rheswm hwn, byddai'r tyddynnwr yn aml yn cadw at strwythur ffurfiol mewn gardd fwthyn, yn enwedig yn yr ardd lysiau, fel bod popeth yn edrych yn dwt bob amser. Nid yw'n angenrheidiol cadw at strwythur ffurfiol; yn wir, yn sgil y modd yr esblygodd fy ngardd innau, nid oes iddi strwythur ffurfiol ond mae iddi drefn bendant ac ardaloedd pendant ac iddynt eu pwrpas penodol. Mae hyn yn bwysig,

Chapter 2

The Garden Through the Year

One of the primary aims of the decorative gardener is to have a succession of colour and interest throughout the year. There should be sufficiently strong structure for the garden to look attractive through the seasons without depending on flowers. Therefore, in a cottage garden, the cottager would often keep to a formal structure, especially in the vegetable garden, so that everything looked orderly at all times. It isn't essential to stick to a formal structure however; indeed, because of the way my garden evolved, it doesn't have a formal structure but it has a definite order with definite

yn enwedig pan fydd y plannu'n rhwydd ac anffurfiol, er mwyn rhwystro'r ardd rhag edrych yn anniben a diofal.

Yn y strwythur plannu, y coed a'r llwyni yw'r pwysicaf i'w hystyried. Y rhain, hefyd, yw'r anoddaf i'w newid wedi iddynt sefydlu. Os yw'n bosib, felly, ystyriwch sefydlu'r planhigion coediog ar y cychwyn cyntaf. Fe rown ni ystyriaeth i ba rai i'w dewis yn fwy manwl mewn pennod arall. Y peth i'w bwysleisio yma yw y dylid sicrhau bod cydbwysedd yn yr ardd rhwng y coed bythwyrdd a'r coed collddail, gan gofio y byddant i gyd yn tyfu i lenwi llawer mwy o le nag y tybiwch ar y cychwyn! Ni ddylai hyn eich rhwystro rhag eu plannu, serch hynny, gan eu bod yn hanfodol i greu'r awyrgylch sefydlog, hynafol sy'n nodweddiadol o ardd fwthyn. Peidiwch â phlannu gormod o goed bythwyrdd, chwaith, gan nad yw'r rheiny'n naturiol i dirwedd Cymru; mae coed conwydd, yn enwedig, yn edrych yn chwithig mewn gardd fwthyn. Mae'n bwysicach croesawu newid y tymhorau na cheisio cuddio rhwydwaith y brigau moel sy'n gymaint rhan o swyn y gaeaf. Gwell y rhain o lawer na chloddiau mawr tywyll o *Lawsonia* neu'i debyg yn gwasgu i lawr mewn 'Glyn Cysgod Angau'! Rwy'n mwynhau gweld esgyrn fy ngardd yn dod i'r golwg yn urddasol yn y gaeaf.

Gall y flwyddyn flodeuol ddechrau'n gynnar iawn, a hithau'n dal yn aeaf, yn

areas that have a designated purpose. This is important, especially with loose informal planting, to prevent the garden from looking untidy and neglected.

In the planting structure, the trees and shrubs are the most important to consider. These too are the most difficult to change when established. If possible, therefore, consider establishing the woody framework at the very beginning. Which ones to choose is considered in more detail in following chapters. The thing to emphasise here is that you should ensure a balance between evergreen and deciduous plants and remember that they will grow far larger than you suspect at first! This should not stop you planting them, however, as trees and shrubs are necessary to create the established, heritage atmosphere that is characteristic of a cottage garden. Don't plant too many evergreens either, as they aren't natural to the Welsh landscape; conifers, in particular, look out of place in a cottage garden. It is important to welcome the turn of the seasons and not seek to hide the tracery of bare branches that are part of winter's charm. They are much preferable to large, dark hedges of *Lawsonia* or the like, oppressing in a 'Valley of the Shadow of Death'! I enjoy seeing the majesty of the bones of my garden in the winter.

The flowering year can start very early, whilst it is still winter, at the end

Llwyni bythwyrdd i roi strwythur i'r ardd
Evergreen shrubs give the garden structure

niwedd Ionawr neu ym mis Chwefror. Bylbiau yw'r cyntaf, eirlysiau a saffrwm, ac erbyn diwedd Chwefror daw'r cennin Pedr cyntaf. Caiff rhai o'r blodau cynnar, fel troed-yr-arth, lawer o sylw, ond dyw hwnnw ddim yn edrych yn dda o gwbl yn yr ardd gyda'r blodau'n pwyso drosodd ben i waered, er rhaid cyfaddef fod ganddo ddail addurniadol ardderchog. Gwell yn fy marn i yw dibynnu ar gawod o flodau gwyn neu felyn i agor y flwyddyn yn siriol. Mae yna lu o flodau gwanwyn i lanw'r llwyfan ym Mawrth ac Ebrill, fel briallu, dagrau'r Iesu ac ati, ond y bylbiau sydd amlycaf hyd at fis Mai, gyda'r tiwlip, aliwm a'r clychau glas yn dilyn y cennin Pedr. Mae'n hawdd gwthio bylbiau i'r pridd rhwng y planhigion sefydlog yn yr hydref er mwyn creu sioe ogoneddus o ddechrau'r flwyddyn hyd at anterth yr haf. Cofier hefyd fod coed ffrwythau ac eraill yn cyfrannu'n fawr at olygfeydd y gwanwyn.

Ym mis Mai, bydd troed-y-golomen, blodau Mam-gu, n'ad-fi'n-angof, balchder Llundain ac yn y blaen yn cadw diddordeb tawel a lliwiau mwyn yn yr ardd wrth i ni baratoi at ffrwydrad Mehefin, pan fydd y rhosod ar eu gorau, a'r llu pig-yr-aran, mantell-y-forwyn a bysedd-y-cŵn yn garped odanynt. Coron y flwyddyn yw Mehefin, ond os yw eich cynllun plannu'n un da, gall y parti barhau drwy'r haf hyd at yr hydref. Erbyn Gorffennaf mae planhigion y gwelyau

of January or in February. Bulbs are the first, snowdrops and crocuses, and by the end of February, the first daffodils. Much fuss is made of some early bloomers like hellebores, which do not show up well at all with their drooping heads, though I admit they have excellent foliage. Better in my view to depend on drifts of white or yellow flowers to start the year cheerfully. There are lots of spring flowers to fill the stage in March and April, like primroses and bleeding heart, but bulbs are the most obvious up to May, with tulips, allium and bluebells following the daffodils. They are easy to hide in the earth between the established planting in the autumn to create a glorious display from the beginning of the year until summer is under way. Remember too that fruit trees and other blossom contribute importantly to the spring scene.

In May, columbine, wallflowers, forget-me-nots, London pride and the like maintain interest with soft colours in preparation for the explosion of June when roses are at their peak, underplanted with cranesbills, lady's mantle and foxgloves. June is the pinnacle of the year, but if your planting scheme is good, the party can go on through the summer and into the autumn. By July bedding plants are ready to take over and the perennial planting is at its peak.

Tiwlipau a chlychau glas ar ddiwedd Ebrill
April ends with tulips and bluebells

blodau'n barod i gymryd drosodd a'r plannu lluosflwydd yn ei anterth.

Dylai pethau fel *Hemerocallis, Leucanthemum, Eupatorium, Crocosmia* a *Phlox* gadw'r sioe i fynd drwy gydol mis Awst. Mae 'na berthi blodeuog hefyd fel *Buddleia, Fuchsia, Hypericum* a *Potentilla* sy'n cyfrannu i ogoniant diwedd yr haf. Erbyn mis Medi mae sêr diweddar fel *Sedum spectabile* a *Hebe* yn rhoi un hwb olaf i'r carnifal o flodau. Adeg hydrefau mwyn gall planhigion fel y *Fuchsia* a rhosod sy'n ailflodeuo gadw i fynd bron hyd at y Nadolig. Mae

Things like *Hemerocallis, Leucanthemum, Eupatorium, Crocosmia* and *Phlox* should keep the show going through August. There are flowering shrubs too like *Buddleia, Fuchsia, Hypericum* and *Potentilla* that contribute to the glory of summer's end. By September, the late stars like *Sedum spectabile* and *Hebe* give a final boost to the carnival of flowers. In mild autumns plants like *Fuchsia* and roses can have a second flush that keeps going almost until Christmas. Some plants, like honesty, have decorative fruits or

Saffrwm ac eirlys yn Chwefror
Crocus and snowdrops in February

Cawod o liw ym mis Gorffennaf
The July garden drenched in colour

Aeron y llosgddraenen yn yr hydref
Autumnal firethorn

Hadlestri blodyn Helen
Helenium seedheads

gan rai planhigion, fel y geiniog arian, ffrwythau neu hadlestri addurniadol sy'n parhau'n bell i mewn i'r gaeaf; gwell, felly, yw gohirio tacluso gormod ar y borderi tan y gwanwyn. Mae'n anodd dibynnu ar droad y dail i roi sioe amryliw ond mae'n siŵr y gallwch ddarganfod llwyni fel melyn llachar *Rosa rugosa* neu fflamau'r coed ceirios i gyfrannu dail lliwgar. Erbyn y Nadolig, bydd hi'n amser dibynnu eto ar hen ffyddloniaid fel iorwg a chelyn i gyfrannu at strwythur urddasol yr ardd aeaf.

seedheads that persist well into winter; it is better therefore to delay tidying the borders too much until spring. It is difficult to depend on the turning of the leaves to give a colourful show, but doubtless you can find shrubs like the brilliant yellow of *Rosa rugosa* or the flame of cherry trees to contribute colourful foliage. By Christmas, it is time to depend again on old faithful evergreens like ivy and holly to contribute to the majestic structure of the winter garden.

Cosmos *a'r friweg fawr ym mis Medi*
Cosmos *and iceplant in September*

Pennod 3

Coed

Coed ffrwythau yw'r unig goed sy'n rhan draddodiadol o ardd fwthyn, ynghyd ag un neu ddwy goeden gynhenid fel criafolen neu ddraenen wen, fydd yn ymddangos yn ddamweiniol. Does gen i ddim profiad personol o dyfu coed ffrwythau ond rwy'n cydnabod eu gwerth am eu harddwch yn ogystal â'u cynnyrch. Rhaid eu tocio'n briodol er mwyn cael cnwd da, a'u cadw i faint rhesymol yr un pryd. Fodd bynnag, mae yna fathau modern wedi'u grafftio ar wreiddgyffion bach, fel na fyddan nhw'n tyfu'n goed mawr.

Os oes gennych hen goeden afalau neu ellygen gnotiog yn eich gardd, parchwch hi fel trysor teuluol. Hyd yn oed os nad yw'n cynhyrchu llawer o

Chapter 3

Trees

Only fruit trees were traditionally grown in a cottage garden, with an occasional native tree such as a rowan or hawthorn appearing accidentally. I don't have personal experience of growing fruit trees but wish to acknowledge their value and beauty in addition to their produce. They must be properly pruned to yield good harvest, and they can be kept at a reasonable size at the same time. Anyway, there are modern forms grafted onto dwarfing rootstocks so they won't grow into large trees.

If you possess a gnarled old apple or pear in your garden, treasure it as an heirloom. Even if it doesn't produce much fruit any more, use it to support a climbing rose or clematis rather than cut

ffrwythau bellach, defnyddiwch hi i gynnal rhosyn neu glematis yn hytrach na'i thorri i lawr. Mae'r rhan fwyaf o goed ffrwythau'n wych ar gyfer cynnal bywyd gwyllt – hynny yw os nad ydych chi'n eu chwistrellu'n gyson, fel y mynna rhai garddwyr wneud! Arbrofwch gyda dulliau o reoli biolegol neu bodlonwch ar ffrwythau llai perffaith ond mwy diogel.

Swyn arall y coed ffrwythau, wrth gwrs, yw eu blodau sy'n hanfodol i ardd fwthyn werth ei halen. Cofiwch fod ceirios Japan, ei gwaethau'u pinc syfrdanol, fawr o werth i fywyd gwyllt ac yn weddol ddi-nod weddill y flwyddyn. Mewn cyferbyniad, does dim sy'n fwy deniadol na gellygen henffasiwn, yn enwedig pan fydd hi'n llawn blodau yn y gwanwyn. Yn fy ngardd i, rwyf wedi datrys y broblem trwy dyfu ceiriosen polyn-baner (*Prunus* Amanogawa) ac iddi amlinelliad cul. Syniad arall yw tyfu llwyni sy'n blodeuo; yn y gorffennol mae ceiriosen-y-tywod (*Prunus x cistena*) neu'r almwn Rwsiaidd (*Prunus tenella*) wedi cyfrannu'n llwyddiannus at fy sioe wanwyn.

Dim ond nifer fach o goed sy'n siwtio gardd fechan ac iddi awyrgylch yr ardd fwthyn. Bydd coed y fforest, fel deri, ynn a ffawydd, yn prysur dyfu'n rhy fawr os na chânt eu tocio'n flynyddol i fod yn llwyni. Mae'r rhain yn llesol i'r

it down. Most fruit trees are excellent supporters of wildlife, unless, that is, you spray them constantly as some insist on doing. Experiment with methods of biological control or be satisfied with less perfect but safer fruit.

The other glory of fruit trees of course is their blossom, an essential feature of any noteworthy cottage garden. Remember that Japanese cherries with their startling pink blossom are of little value to wildlife and fairly unremarkable the rest of the year. In contrast, there is nothing more attractive than an old-fashioned pear tree, especially when it is in full blossom in the spring. I solved the blossom problem in my garden by growing a flagpole cherry (*Prunus* Amanogawa) that has a narrow outline. Another idea is to grow blossom bushes; in the past the sand cherry (*Prunus x cistena*) or Russian almond (*Prunus tenella*) have successfully contributed to my spring show.

Only a few trees are suitable for a small garden having a cottage garden atmosphere. Forest trees such as oak, ash and beech quickly grow too big unless they are annually clipped as hedging. These benefit the environment and look

Pren afalau yn Aberglasne
Apple tree in Abergasney

Y ddraenen ddu / Blackthorn

amgylchedd ac yn edrych yn dda, ond mewn gardd fechan fe allant ddwyn gormod o olau, dŵr a maeth o'r pridd. Trwy ddulliau tocio priodol mae sawl pren fel collen, corswigen, celynnen, corswigen-y-gaeaf a lelog yn gallu ffitio i'r dim i'r lle a gynigir gan ardd fwthyn. (Gweler y bennod 'Llwyni'.)

Mae'r fedwen (*Betula pendula*) yn goeden hardd a gosgeiddig sy'n llesol i fywyd gwyllt, ond mae'n anodd plannu odani am fod ei gwreiddiau'n agos i'r wyneb. Ar y llaw arall mae helyg (*Salix*) a phoplys (*Populus*) yn gwreiddio'n ddwfn wrth dreiddio i chwilio am ddŵr. Ond dyma rybudd – gallant darfu ar seiliau'r tŷ ac ni ddylech eu plannu'n agos at unrhyw adeilad.

Mae'r ddraenen wen (*Craetegus monogyna*) yn goeden fach gynhenid, draddodiadol. Mae'n gallu cymryd ei hamser i ddod i'w lle ond wedyn mae'n goeden wydn, ddiffwdan, y gellir ei thocio'n galed heb ddrwgeffeithiau os bydd angen. Gellir cael mathau i'w tyfu yn yr ardd sy'n bloeduo'n binc neu'n gochbinc, yn ogystal â'r gwyn traddodiadol.

Coeden gynhenid, draddodiadol arall yw'r griafolen neu'r gerdinen (*Sorbus aucuparia*). Arferid dweud bod criafol yn amddiffyn cartrefi rhag gwrachod ac ysbrydion. Ta waeth am hynny, mae hi'n ddewis da i ardd fechan, gan ei bod hi'n gallu tyfu mewn sefyllfaoedd anffafriol

fine but in a small garden they can draw too much light, water and nutrients from the soil. With suitable pruning methods several small trees such as hazel, guelder rose, holly, laurustinus or lilac can easily fit into the space of a cottage garden. (See the chapter 'Shrubs'.)

Birch (*Betula pendula*) is a lovely, graceful tree that supports wildlife well but is difficult to underplant because of its shallow root system. On the other hand, willow (*Salix*) and poplar (*Populus*) are deep rooting as they penetrate in the search for moisture. Warning! They can undermine foundations and shouldn't be planted anywhere near buildings.

Hawthorn (*Craetegus monogyna*), however, is a small native tree and very traditional. It can take a while to establish but then it makes a tough, trouble-free tree that can be pruned hard without ill-effects if necessary. There are garden varieties with pink and almost red blossom as well as the traditional white.

The rowan or mountain ash (*Sorbus aucuparia*) is another native and traditional tree. It was said that rowan protected the cottage from witches and spirits. Whatever! It is a good choice for a small garden, as it can grow in unfavourable situations where other trees

Coed afalau surion (Malus sp.)
Crab apple tree (Malus sp.)

ble byddai coed eraill yn trengi. Mae ganddi ddail prydferth tebyg i redyn, blodau lliw hufen ac aeron coch yn yr hydref – dyma goeden sy'n creu diddordeb a phrydferthwch drwy'r tymhorau.

Coeden fach sy'n gysylltiedig â'r ardd fwthyn yw'r fanhadlen, neu dresi aur (*Laburnum*). Gwelir yr hen ffefryn yn aml mewn perthi ger bythynnod, yn enwedig yng Ngheredigion a'r Alban, ond yn amlach mewn gerddi heddiw gwelir y ffurf 'Vossii' sydd â thresi blodau hirach – hyd at droedfedd. Anfantais y fanhadlen yw ei bod yn cynnig prin ddeng niwrnod o

would not survive. It has pretty fern-like leaves, cream coloured flowers and red berries in autumn – here is a tree with interest and beauty throughout the seasons.

Laburnum (*Laburnum*) is a small tree that is associated with cottage gardens. The old favourite is often seen in hedgerows near cottages, especially in Cardiganshire and Scotland, but in today's gardens the form 'Vossii' is more frequently seen, which has longer golden chains up to almost a foot in length. The disadvantage of laburnum is that it only

Betula pendula

Sorbus aucuparia

Laburnum *'Vossii'*

Craetegus monogyna

ogoniant tresi aur ar goeden sy'n ddigon cyffredin a di-nod weddill y flwyddyn. Nid y dewis mwyaf addas lle mae gofod yn brin. Hefyd mae'r hadau'n wenwynig iawn.

offers a mere ten days' glory on a tree that is insignificant and unremarkable for the rest of the year. Thus, not the best choice where space is at a premium. Also, the seeds are very poisonous.

Perth ffawydd
Beech hedge

Pennod 4

Llwyni

Ystyr llwyni yw planhigion prennog nad ydynt yn tyfu mor fawr â choed, na chwaith yn marw'n ôl i'r ddaear yn y gaeaf. Mae ganddynt dyfiant brigog yn hytrach nag un boncyff fel sy gan goeden.

Llwyni yw asgwrn cefn unrhyw ardd, ac un o'r elfennau pwysicaf sy'n rhoi strwythur byw iddi. Ond mae iddynt enw drwg gan eu bod yn dwyn i gof ddelwedd o brysglwyni Fictoraidd sy'n cuddio'r tŷ y tu ôl i fantell dywyll. Deillia'r camargraff hwn o'r esgeulustod y bydd llwyni'n eu dioddef wrth gael eu gadael i dyfu'n wyllt ar y naill law, neu gael eu tocio'n flynyddol i siâp lolipop ar yr eithaf arall! Nid ydynt ar eu gorau y naill ffordd na'r llall. Maent yn hawdd i'w cynnal o'u cymharu â phlanhigion eraill ond

Chapter 4

Shrubs

Shrubs are woody plants that don't grow as large as trees but don't die back to ground level in winter. They have a bushy growth habit rather than a single trunk like trees.

Shrubs are the backbone of any garden and one of the most important elements giving it living structure. Yet they have a bad name as they are associated with the image of Victorian shrubberies engulfing the house in a dark cloak. This stems from the neglect they suffer, allowing them to grow wild on the one hand or being cropped annually into a lollipop shape on the other. They are not at their best either way! They are low maintenance compared with other plants but perform much better if they are properly pruned.

byddant yn perfformio'n llawer gwell os cânt eu tocio'n briodol.

Mae tua thri deg o lwyni yn fy ngardd i, llawer mwy na'r hyn sy'n ddelfrydol mewn gardd o'r maint, ond rwyf yn hoff iawn ohonynt ac yn barod i roi sylw ychwanegol iddynt er mwyn gwneud lle i bob un. Wedi penderfynu ar goeden a'i phlannu, y llwyni ddaw nesaf yn y cynllun. Anelwch at rai fydd yn rhoi diddordeb gydol y flwyddyn: blodau yn y gwanwyn a'r haf, aeron a dail lliwgar yn yr hydref, a llwyni bythwyrdd ar gyfer y gaeaf. Y rhai bythwyrdd sydd bwysicaf i gyflwyno strwythur ac aeddfedrwydd i'r ardd ond gwyliwch rhag cynnwys gormod gan greu golygfa ddigyfnewid ac anniddorol. Mae gardd sy'n cynnwys llwyni bythwyrdd yn bennaf yn edrych yn annaturiol yng Nghymru. Dysgwch felly i werthfawrogi rhwydwaith celfyddydol y canghennau noeth. Yn yr un modd, er ei bod yn ddymunol cael un neu ddau lwyn â dail lliw neu frith, bydd gormod yn creu hunllef amryliw lle dylai fod gwyrdd tawel, dedwydd.

Nid yw pob llwyn yn fawr, gyda llaw. Ceir rhai perthi bychain sy'n ddigon pitw i fynd i'r border gyda phlanhigion eraill, er enghraifft lafant, rhosmari, *Caryopteris, Potentilla* a rhai o'r *Hebe* bach fel 'Carl Teschner', 'Pagei', neu 'Autumn Glory'. Mae'r rhain i gyd yn llesol ar gyfer pryfed ac yn ddigon pert a blodeuog i weddu i ardd fwthyn. Gellir

There are about thirty shrubs in my garden, far more than ideal in a garden of its size, but I love them and am prepared to give them the extra care necessary to fit them all in. When you have chosen your tree, the shrubs are the next to plan. Aim for ones that give interest throughout the year: flowers in spring and summer, berries and colouring leaves in autumn and evergreen bushes for winter. The evergreens are the most important to give structure and maturity to the garden but guard against overdoing them, thereby creating a boring, unchanging scene. A chiefly evergreen garden looks unnatural in Wales. Learn rather to appreciate the elegant tracery of the naked branches. In the same way, too many variegated or coloured leaved shrubs, desirable though one or two would be, create a technicolour nightmare where all should be green and calm.

Moreover, not all shrubs are large. Some make small enough little bushes to fit into a mixed border with other plants, like lavender, rosemary, *Caryopteris, Potentilla* and some of the smaller *Hebe* such as 'Carl Teschner', 'Pagei', or 'Autumn Glory'. All these are good for insect life and sufficiently pretty and flowery to fit into a cottage

Hebe *'Pagei'*

Ilex *'Silver King'*

tyfu pob un yn llwydd o doriadau. Tyfais *Potentilla* 'Goldfinger' am flynyddoedd ac mae'n llwyn ardderchog wedi'i orchuddio â blodau o liw melyn clir. Mae'r hen fathau, fel 'Elizabeth' neu 'Abbotswood White', lawn cystal ac yn blodeuo dros gyfnod hir. Ond mae mathau newydd fel 'Red Ace' yn llai dibynadwy o ran lliw a pherfformiad. (Taflais fy rhai i allan!)

Nesaf, y llwyni bythwyrdd. Ystyriwn yn gyntaf y tair rhywogaeth gynhenid, sef celyn (*Ilex aquifolium*), ywen (*Taxus baccata*) a bocsen (*Buxux sempervirens*). Mae gan y tair draddodiad hir o gael eu tyfu mewn gerddi bwthyn. Tyfant yn araf a gellir eu tocio dro ar ôl tro yn llwyni taclus neu'n siapiau diddorol. Wrth gwrs, heb eu tocio gall y tair dyfu'n goed nerthol dros amser – a gall yr ywen droi'n goeden enfawr. Ond mewn gardd fechan gellir eu cadw mor fach â'r maint sy'n ffitio'r gofynion. Dim ond celyn sydd gen

garden. They can all be easily grown from cuttings. I have grown *Potentilla* 'Goldfinger' for years and it makes a splendid bush covered with clear yellow flowers. The old varieties like 'Elizabeth' or 'Abbotswood White', are just as good and flower over a long period. The newer varieties like 'Red Ace' are less reliable in colour and performance. (I threw mine out!)

Next, the evergreens. Firstly, let us consider the three natives, holly (*Ilex aquifolium*), yew (*Taxus baccata*) and box (*Buxus sempervirens*). All three have a long tradition of being used in cottage gardens; they are slow growers but they can be pruned again and again into neat bushes and a variety of interesting shapes. Of course, without pruning, all three in time will grow into mighty trees, the yew into an enormous one. But in a small garden they can be kept as small

i yn fy ngardd; mae'n anodd i'w wreiddio o doriadau, mae hadau'n cymryd amser maith i dyfu'n blanhigion sylweddol, ac mae'n tyfu'n araf, felly mae planhigion o faint yn gostus i'w prynu. Ond bydd llwyn celyn yn fuddsoddiad da gan ei fod mor wydn ac yn aildyfu o'r bôn. Achubais un o'm celyn innau oddi ar silff y sêl mewn archfarchnad DIY am 50 ceiniog. Roedd wedi gordyfu'i bot a'i ddail yn felyn, ond wedi'i ailblannu yn yr ardd datblygodd yn llwyn gwyrdd tywyll, iach eto mewn byr amser. Bellach mae'n llwyn sylweddol sy'n cario aeron yn eu tymor. Dim ond llwyn benywaidd fydd yn dwyn aeron, ac felly os addurn traddodiadol Nadolig yw eich nod, cofiwch gael math benywaidd.

as required. I only have experience of holly in my garden; it is hard to strike from cuttings, seed takes a long time to produce sizeable plants and it is slow growing, thus good-sized plants are expensive. However, a holly bush is a good investment as it is so tough and will regrow from stumps. I rescued one of my hollies in a DIY supermarket sale for 50p. It was pot-bound with yellowing leaves, but after planting in the garden it soon became a healthy, dark-green bush again. It is now a large bush bearing berries in its season. Only female varieties bear fruit, thus if you require the traditional Christmas decoration make sure you have a female variety. (Incidentally, the

Buxus sempervirens

Myrtus communis

Azalea: mwy addas na Rhododendron *mwy mewn gardd fwthyn / Azalea: more suited to a cottage garden than larger* Rhododendron

Pyracantha: *mae'r aeron yn darparu lliw yn ogystal â bwyd* / Pyracantha: *the berries provide colour as well as food*

(Gyda llaw, nid yw'r enwau'n arweiniad dibynadwy: mae 'Golden King' a 'Silver King' yn fenywaidd a chanddynt aeron, a 'Silver Queen' yn wrywaidd hebddynt!) I fod yn ddiogel, prynwch lwyn ac aeron arno. I gymhlethu pethau, mae'n rhaid cael gwryw yn ymyl er mwyn peillio'r fenyw i gael aeron. I fod yn sicr, felly, plannwch wryw a benyw, a dewiswch wryw â dail brith. Mae gennyf gelynnen ddraenog frith, hen fath a drain ar wyneb y dail yn ogystal ag ar yr ymyl; dwy nodwedd ddiddorol felly.

Mae'r tri math arall o lwyni bythwyrdd traddodiadol, sef llawryf (*Laurus nobilis*), myrtwydd (*Myrtus communis*) a chorswigen-y-gaeaf (*Viburnum tinus*), yn dod o wledydd Môr y Canoldir, ac o ganlyniad, ddim mor ddibynadwy o wydn. Prin bod hyn yn broblem yng ngorllewin Cymru, felly mae'n werth mentro rhoi cynnig arnyn nhw os oes gennych lecyn cysgodol ar eu cyfer. Gellir tocio'r rhain i siâp o'ch bodd yn ogystal. Efallai nad yw lolipop nac obelisg yn taro mewn gardd fwthyn ond gall colofnau rhydd roi strwythur yn y gaeaf. Mae'r tociadau'n golygu nad oes byth prinder dail llawryf ar gyfer y gegin. Mantais corswigen-y-gaeaf yw ei blodau lliw hufen sy'n agor yn gynnar yn y flwyddyn – ond gofalwch roi haul iddi neu prin fydd y blodau. Fel llawer planhigyn sy'n cael ei gymeradwyo ar gyfer y cysgodion, bydd yn tyfu'n ddigon da, ond gwael yw'r 'perfformiad'!

names are not a reliable guide: 'Golden King' and 'Silver King' are female and have berries but 'Silver Queen' is male and doesn't!) To be safe, buy a bush with berries on it. To complicate matters, you must have a male nearby to pollinate the female and have berries. To be sure, therefore, plant a male and a female, and choose a male that has variegated leaves. I have a variegated hedgehog holly, an old variety with spines on top of as well as on the edge of the leaves; two features of interest therefore.

The other three traditional evergreens, bay (*Laurus nobilis*), myrtle (*Myrtus communis*) and laurustinus (*Viburnum tinus*) come from Mediterranean countries and are not so reliably hardy. Seldom is this a problem in west Wales so they are worth trying if you have a sheltered spot. Like the previous three natives, these also can be clipped to your desired shape. Perhaps lollipops and obelisks are out of place in a cottage garden but loose columns give structure to the garden in winter. Prunings will mean you are never without bay leaves for the kitchen. Laurustinus has the advantage of cream flowers very early in the year but give it a sunny spot if it is to flower well. Like many plants recommended for shade, it will grow well but the 'performance' is poor. It gives the same effect as bay but is more reliably hardy. Myrtle is the neatest

Mae'n rhoi'r un effaith â llawryf ond yn fwy dibynadwy mewn oerfel. Myrtwydd yw'r mwyaf twt o'r drindod yma, yn enwedig y math 'tarentina' sydd gen i. Mae'r dail yn llai hefyd ond maent yn perarogli cystal â'r math cyffredin pan gânt eu gwasgu. Rwy'n cael blodau gwyn hyfryd ar fy mherth yn hwyr yn y flwyddyn fel arfer ond mae'r hafau tesog sy'n angenrheidiol ar gyfer perfformiad da yn brin yma yn Llanelli! Mae gan fyrtwydd ansawdd traddodiadol a swyn barddonol sy'n werth yr ymdrech o'i feithrin, ac er nad yw'n blanhigyn ar gyfer pob gardd, mae'n werth rhoi cynnig arno mewn llecyn cysgodol.

Ceir sawl llwyn bythwyrdd sy ddim yn draddodiadol ond sy'n berchen ar nodweddion sy'n eu gwneud yn ddefnyddiol. Os ydynt yn flodeuog, gallant gyfrannu'n dda a phwrpasol i naws yr ardd fwthyn. Gall mathau o *Hebe* â dail bythwyrdd llydan fod yn dyner – collais yr hyfryd 'Simon Deleaux' a'i flodau moethus, coch tywyll i rew un gaeaf – ond mae *Hebe salicifolia* a'i flodau gwyn sy'n denu'r gwenyn a'r gloÿnnod wedi bod yn addurn ers blynyddoedd ac wedi goroesi sawl gaeaf caled yn ddiogel. Mae toriadau'n gwreiddio'n rhwydd mewn gwydraid o ddŵr, ac rwyf wedi gweld perthi o *Hebe* yn ffynnu, yn enwedig ar lan y môr. Fel yr *Hebe*, mae *Abelia* yn llwyn sy'n blodeuo'n hwyr yn y tymor – yn wir

of the three, especially in the variety 'tarentina' which I have. The leaves are smaller but are as fragrant as the ordinary variety when crushed. I usually get lovely white flowers on the bush at the end of the year but the warm summers needed for good floral performance are rare here in Llanelli! Myrtle has a traditional quality and poetic charm that is worth the trouble of its nurturing, and although it's not a plant for every garden it's worth a try in a sheltered spot.

There are several evergreen bushes that are not traditional but have features that make them useful. If they are flowery, they can contribute well and suitably to the cottage garden atmosphere. There are varieties of *Hebe* with broad evergreen leaves that can be tender. I lost the handsome 'Simon Deleaux' with its rich, dark-red flowers to a winter frost but *Hebe salicifolia* with its white flowers that attract bees and butterflies has been a decorative feature for years and survived many a hard winter unscathed. Cuttings root easily in water and I have seen hedges of *Hebe* thriving particularly at the seaside. Like *Hebe*, *Abelia* is a shrub that flowers late in the season, indeed it can last until November. *Abelia* has simple, dark-

mae'n gallu parhau hyd fis Tachwedd. Mae ganddo ddail syml, gwyrdd tywyll a blodau pinc di-ri â bractiau pinc tywyll sy'n gorchuddio'r berth â ffresni'r gwanwyn yn yr hydref. Dyma ffefryn na fyddwn i'n dymuno bod hebddo.

Cyn i ni adael y llwyni bythwyrdd, gair am y conwydd. Ac eithrio'r ywen, ac efallai binwydd yr Alban (*Pinus sylvestris*) mewn gardd ddigon mawr, nid yw'r conwydd yn gynhenid nac yn draddodiadol mewn gardd fwthyn. Diolch byth am hynny, gan fy mod yn eu casáu i gyd, o'r leylandii gormesol i'r corachod a welir mewn gardd gerrig. Credaf eu bod yn edrych yn hollol amhriodol yn y wlad hon. Os ydych

green leaves and a myriad of pink flowers with dark pink bracts, covering the bush with spring freshness in the autumn. A favourite I wouldn't be without.

Before leaving the evergreen, a word about conifers. With the exception of yew and perhaps Scots pine (*Pinus sylvestris*) in a sufficiently large garden, conifers are neither native nor traditional in a cottage garden. I am glad of that, as I hate them, from the most overbearing leylandii to the dwarves on rock gardens. I think they look completely out of place in our gardens. If you want a cottage garden teeming with wildlife, forget about them and also the heathers and rhododendrons often grown with them. I think most

Viburnum opulus

Corylus maxima *Purpurea*

am ardd fwthyn yn llawn o fywyd gwyllt, anghofiwch amdanynt, ac am y rhododendron a'r grug sy'n fynych yn cael eu tyfu gyda nhw. Credaf fod y rhan fwyaf o'r rhododendron yn edrych yn ymhonnus mewn gerddi bach. Os oes rhaid i chi wrthyn nhw, a bod gennych bridd asid sy'n angenrheidiol iddynt, tyfwch azaleas, sy'n fwy addas eu maint. Gwell gen i fynd ar bererindod bob mis Mai i Erddi Clun yn Abertawe, neu rywle tebyg, i weld y rhododendron yn eu gogoniant lle dylent fod – mewn gardd goedwig fawr. Does gen i ddim yn erbyn grug yn y cyd-destun iawn ac mae'r rhai cynhenid yn llesol i amryw bryfed, ond, ac eithrio gerllaw rhos neu waun, rwy'n cynghori yn erbyn eu gorddefnyddio.

Os aeron sy'n cymryd eich bryd, efallai bydd y llosgddraenen (*Pyracantha*) yn ateb eich gofynion. Mae'n gallu edrych yn wych yn erbyn wal – nid bod angen lloches arni gan ei bod yn hollol wydn. Ond byddwch yn ofalus i ddewis math sy'n dwyn aeron yn rhwydd, fel y cynghorais gyda'r celyn. Y ffordd orau yw prynu llwyn sy'n llawn aeron. Siomedig iawn oedd fy llwyn i a dim ond llond dwrn o aeron arno (er bod llwyn y tŷ drws nesaf ond un yn pwyso o aeron i'm gwatwar!). Collais amynedd â hi, a thaflais hi allan yn y diwedd. Llwyni twt â dail syml yn debyg i gelyn heb y pigau yw *Skimmia*. Fel celyn, mae'r perthi gan amlaf yn wryw neu'n fenyw a

rhododendrons look pretentious in small gardens, but if you must have them, and your soil is acidic as required, grow azaleas which are more in scale. I prefer an annual pilgrimage to Clyne Gardens or the like to see them growing magnificently where they belong, in a large woodland garden. I have nothing against heathers in the right context, and some of the native varieties are good for wildlife, but except near heathland, it is their overuse that I counsel against.

If you desire berries, perhaps a firethorn (*Pyracantha*) will fit the bill. It can look wonderful against a wall, not that it requires shelter as it is entirely hardy. But be careful to choose one that berries well, as I advised with holly; best to buy one in full berry. Mine proved disappointing with but a sprinkling of berries (and one next door but one hanging with berries to mock me!). I lost patience with it and threw it out in the end. *Skimmia* form neat bushes with simple leaves, like holly without the prickles. Like holly also, the bushes are either male or female and you need both to get the decorative berries. Luckily, there is a male kind, *Skimmia japonica*

Ceonothus 'Concha'

Hibiscus 'Woodbridge'

Hebe salicifolia

Abelia floribunda

Sambucus *Aureomarginata*

Cytisus sp.

bydd eisiau'r ddau er mwyn cael yr aeron addurniadol. Drwy lwc mae 'na fath gwryw, sef *Skimmia japonica* 'Rubella', sy'n cynhyrchu blodau pinc ar ddechrau'r flwyddyn ac sy'n ddigon addurnol i'w dyfu ar ei ben ei hun. Mae hefyd yn addas ar gyfer peillio'r fenyw er mwyn iddi fwrw aeron.

Gair am lelog Califfornia (*Ceonothus*). Yn sicr nid planhigyn traddodiadol yr ardd fwthyn mohono, ond mae dail bythwyrdd y mwyafrif o'r mathau, a'u blodau glas ysblennydd, wedi'u gwneud yn boblogaidd yn y degawdau diwethaf. Mae'r farn gyfoes yn dweud y gallwch eu tocio i siâp, ond yn fy mhrofiad i maent yn blino ar hyn ac yn gallu trengi'n sydyn. Hefyd, nid ydynt yn hollol wydn, fel y dangosodd y gaeafau caled diwethaf. Maent yn llwyni godidog, yn rhoi lliw a strwythur i unrhyw ardd, ond er fy serch tuag atynt, rwyf wedi rhoi'r gorau iddynt – ar ôl eu mwynhau am rai blynyddoedd cyn eu colli'n ddisymwth.

'Rubella', that produces pink flowers early in the year that are sufficiently decorative to justify growing it alone, as well as being a pollinator suitable to get the females to berry.

A word about Californian lilac (*Ceonothus*). Certainly not a traditional cottage garden plant but most sorts have evergreen leaves and wonderful blue flowers that have made them popular in recent decades. Acknowledged wisdom says that they can be clipped to shape but in my experience they tire of regular pruning and can suddenly die. Also, they are not reliably hardy as recent winters have shown. They are magnificent shrubs, giving colour and structure to any garden, but despite my fondness for them, I have given up after enjoying them for many years before suddenly losing them.

Mae'r banadl yn llwyn cynhenid ac mae yna hefyd nifer o fathau sydd wedi deillio ohono ar gyfer yr ardd. Mae'n flodyn bwthyn go iawn ac yn rhoi sioe arbennig ym mis Mai mewn pinc, gwyn a deuliw, yn ogystal â'r melyn gwreiddiol. Mae'n werthfawr fel llwyn sy'n rhoi effaith fythwyrdd, er mai'r brigau gwastad, yn hytrach na'r dail, sy'n creu'r effaith ganghennog, olau, yn wahanol iawn i'r llwyni y soniais amdanynt eisoes. Ac eto, nid yw banadl yn hoffi cael ei drawsblannu, ac mae'n bwdlyd o docio i hen bren. Fel y *Ceonothus* nid yw banadl yn llwyn hir ei oes.

Ymlaen nawr at y llwyni collddail. I ddechrau, mae yna dri math cynhenid a all dyfu'n goed sylweddol os gadewch iddynt gael eu pennau. Mae'r gollen (*Corylus avellana*), yr ysgawen (*Sambucus niger*) a'r gorswigen

Broom is a native shrub and there are also a number of garden varieties that have arisen from it. It is a genuine cottage garden plant that gives a special display of pink, white and bicoloured flowers as well as the original yellow in May. It is a valuable shrub giving an evergreen effect, though it is the flattened branches rather than the leaves that give the light, twiggy effect very different from the above shrubs. Again though, broom is not for every garden; if you cut into old wood or try to transplant it, it sulks. Like *Ceonothus* it is not a long-lived shrub.

Moving on now to deciduous shrubs, let's start with three natives that will make substantial trees if given the chance. Hazel (*Corylus avellana*), elder (*Sambucus niger*), and guelder rose (*Viburnum opulus*) are three traditional

Viburnum opulus

Sambucus '*Black Lace*'

(*Viburnum opulus*), yn llwyni traddodiadol a gyflwynwyd i'r ardd fwthyn o'r perthi cyfagos er mwyn dwyn eu nodweddion addurniadol yn nes. Mae'r tri wedi cael eu datblygu'n fathau hardd amrywiol ar gyfer yr ardd. Mae gan y gorswigen ddail yr un mor bert ag unrhyw fasarnen, a lliwiau cystal yn yr hydref hefyd. Mae ganddi flodau lliw hufen sy'n debyg i *Hydrangea* ond yn fwy del ac ysgafn, ac aeron coch yn dilyn. Y math a elwir 'Compactum' yw'r gorau mewn gardd fechan. Gyda llaw, nid yw coed masarn (*Acer*), er eu prydferthwch, yn gweddu mewn gardd fwthyn gan fod golwg estron arnynt rywsut. Nid ydynt yn wydn iawn chwaith, yn mynnu pridd asid a chysgod, gan fod eu dail yn llosgi'n rhwydd.

Mae'r gollen yn hoff gan bobl a bywyd gwyllt oherwydd ei chenawon yn y gwanwyn a'i chnau yn yr

shrubs introduced to cottage gardens from nearby hedgerows to bring their decorative qualities closer. The three have given rise to many handsome varieties under cultivation. The guelder rose has leaves as pretty, and colours as well in the autumn, as any maple. It has cream flowers like a lace-cap *Hydrangea* but daintier, with red berries following. The variety 'Compactum' is the most suitable for a small garden. Incidentally, maples (*Acer*), despite their beauty, don't suit a cottage garden as they have somewhat too exotic a look. They are not very tough either, demanding acid soil and shelter as their leaves burn easily.

Hazel is loved by people and wildlife for its catkins and its nuts. There are several interesting varieties with golden leaves (Aurea), twisted stems that make an interesting network when the leaves fall (Contorta), and my favourite, with purple leaves (*Corylus maxima*

hydref. Ceir sawl math diddorol â dail euraidd (Aurea), brigau cam sy'n creu rhwydwaith diddorol pan gwympa'r dail (Contorta), a'm ffefryn i, â dail lliw porffor (*Corylus maxima* Purpurea). Mae'r ysgawen yn creu llwyn esgyrnog, diolwg ac felly rhaid iddi gynnig rhywbeth i wneud iawn am ei chywilydd yn y gaeaf. Bydd hyd yn oed yr ysgawen wyllt yn cynhyrchu blodau persawrus, ac yna aeron, ond mae rhai mathau ar gyfer yr ardd a chanddynt ddail deniadol hefyd. Rwy'n tyfu'r un fraith (*Sambucus nigra* Aureomarginata) sydd ag ymylon melyn i'r dail, a'r un â dail lliw porffor mor dywyll nes ei fod bron yn ddu, a'r rheiny wedi'u hollti'n fain (*Sambucus nigra* 'Black Lace'). Bydd 'Black Lace' ar ei orau yn erbyn cefndir golau er mwyn creu gwrthgyferbyniad dramatig. Mae'r tri llwyn uchod yn sefydlu'n hawdd ac wedyn yn tyfu'n gryf. Dyma'r dechneg y byddaf yn ei defnyddio i'w cadw o fewn terfynau heb golli dim o'u siâp naturiol: rwy'n gadael i rhwng tair a chwech o ganghennau cryf dyfu hyd nes cyrraedd yr uchder delfrydol, yna bob blwyddyn rwy'n tocio allan un neu ddwy, gan ganiatáu i rai newydd godi yn eu lle o'r gwaelod. Hefyd, rwy'n tynnu allan unrhyw ganghennau sy'n tyfu ar draws neu mewn cyfeiriadau anghyfleus, ac yn cadw gwaelod y llwyn yn glir rhag gormod o fân frigau.

Purpurea). Elder makes a gaunt, ugly bush and so it must contribute something to make up for its shame in the winter. Even the wild elder has fragrant flowers followed by berries but some of the varieties have attractive leaves too. I grow the variegated one (*Sambucus nigra* Aureomarginata) which has yellow edges to the leaflets and one with finely divided leaves of such a dark colour they are almost black (*Sambucus nigra* 'Black Lace'). 'Black Lace' is at its best against a light background that shows up the wonderful tracery of the leaves. These three shrubs are easy to establish and go on to grow strongly. I use the following technique to keep them within bounds without losing their natural shape. I leave between three and six branches to grow to the desired height, then annually take out one or two and allow others to take their place from the base. I also remove any branches that grow outwards or in inconvenient directions and keep the base clean of too many thin branches.

Syringa vulgaris, Clematis montana

Kerria

Syringa vulgaris

Ymlaen at y llwyni sydd â lle traddodiadol yng ngerddi ein gwlad er nad ydynt yn gynhenid. Dwy a gerir am eu blodau cynnar melyn yw *Kerria* a *Forsythia*. Gellir eu tyfu'n hawdd o doriadau neu grachgoed o erddi ffrindiau. Er eu bod yn gyffredin, ni ddylid anwybyddu'u rhinweddau: blodau serog i gyd-fynd â'r cennin Pedr yn y gwanwyn. Gair o rybudd am y *Kerria*: er ei fod yn ymddwyn yn dda yn y blynyddoedd cynnar, tuedda i gynhyrchu crachgoed i bob cyfeiriad a gall fynd yn drafferthus; mae wedi lledu drwy lwyni eraill nes cyrraedd gwaelod fy ngardd i.

Wrth i'r gwanwyn droi'n haf, daw tri llwyn arall i'r llwyfan, sef lelog (*Syringa vulgaris*), *Weigela* a ffug-oren (*Philadelphus*). Fel y tri diwethaf, nid oes ganddynt ddail arbennig, ond pan fyddant yn eu llawn flodau, maen nhw'n ogoneddus. Mae persawr yn bwysig mewn gardd fwthyn ac mae'r lelog a'r ffug-oren yn arogleuo'n hyfryd. Llwyn lelog lliw lelog sy'n draddodiadol ond mae pob lliw sydd ar gael yn gweddu;

On to shrubs that have a traditional place in our gardens though they are not native. Two that are loved for their early yellow blossom are *Kerria* and *Forsythia*. They can be grown from cuttings or suckers from friends' gardens. Though they are common, we should not ignore their virtues: starry flowers to match the daffodils in spring. A word of warning about *Kerria*: though it is well behaved in its early years it then produces suckers in every direction and can become a nuisance; it spread out through other shrubs to the bottom of my garden.

As spring turns to summer, another three take the stage: lilac, *Weigela* and mock orange. Like the last three they have unremarkable leaves but are magnificent in full flower. Perfume is important to the cottage garden and both lilac and mock orange smell wonderful. Lilac-coloured lilac is most traditional but all the colours suit; white is lovely and the dark wine-red of 'Souvenir de Louis Spath' is very striking. Lilac takes up a lot of space for but a fortnight of

mae gwyn yn hyfryd ac mae lliw gwin coch tywyll 'Souvenir de Louis Spath' yn drawiadol iawn. Gall lelog hawlio llawer o le am brin pythefnos o flodeuo gogoneddus, felly efallai nad dyma'r dewis cyntaf o ran llwyn. Mae 'na fathau llai fel 'Miss Kim', ond yn fy mhrofiad i maent yn gyndyn i flodeuo heb ddigon o le a haul. Mae hyn yn wir am ffug-oren hefyd, sy'n gallu tyfu'n

flowering glory, so perhaps it is not the first choice of shrub for the garden. There are dwarf varieties like 'Miss Kim' but in my experience they are shy of flowering without plenty of sun. This is also true of mock orange which can make an enormous green mound without a single flower. Cutting it back doesn't help as this stimulates more vegetative growth instead of the mature wood

Philadelphus *Manteau d'Hermine*

Weigela *'Bristol Ruby'*

berth enfawr heb yr un blodyn. Nid yw tocio'n helpu gan fod hynny'n sbardun i ragor o dyfiant gwyrdd yn hytrach na pherth aeddfed sy'n debyg o flodeuo. Serch yr anfanteision, mae'n anodd ei anwybyddu'n llwyr. Yr ateb gorau yw tyfu'r math corrach a elwir yn 'Manteau d'Hermine'. Mae hwn yn creu twmpath o wyrddni dymunol sy'n troi'n wyn gan flodau yn ei dymor, a dylid ei blannu'n agos at flaen y border, yn yr haul. Gall

likely to flower. Despite the drawbacks it is hard to leave out of the plan entirely. Perhaps the best idea is to grow the dwarf variety 'Manteau d'Hermine' which makes a small green mound that turns white with flowers in season, planting it near the front of the border in full sun. Shrubs like *Weigela* can be fairly unremarkable but, like *Forsythia* and others, are prevented from giving their best by inappropriate pruning. It

llwyni fel *Weigela* fod yn ddigon di-
nod, ond yn yr un modd â'r *Forsythia*
ac eraill, rhwystrir hwy rhag rhoi o'u
gorau gan docio amhriodol. Mae'n
bwysig torri'r hen ganghennau diangen
i ffwrdd yn union ar ôl blodeuo fel bod
gan y tyfiant newydd amser i aeddfedu,
ac felly i flodeuo, cyn y tymor canlynol.
Gall blodau *Weigela* fod yn binc diflas
ond mae'r math yn fy ngardd i, 'Bristol
Ruby', sy'n goch cadarn, yn serennu ym
mis Mehefin ac yn gefndir ardderchog i'r
rhosod, troed-y-golomen a phig-yr-aran
o'i chwmpas.

Yn hwyrach yn y flwyddyn daw triawd
arall i'r blaen, *Buddleia*, *Hypericum* a
Fuchsia; nid yw'r un ohonynt yn dechrau
blodeuo cyn mis Awst ond gallant fynd
ymlaen i berfformio tan ddiwedd mis
Hydref. Adwaenir y cyntaf fel llwyn y
pilipala, gan fod y blodau ymysg y gorau
i ddenu'r pryfed deniadol hyn; dyma'r
llwyn mae pob naturiaethwr am ei
gael yn ei ardd. Mae gwenyn hefyd yn
hoff ohono, ac yn wir, mae'r blodau'n
arogleuo fel mêl. Mae'r math cyffredin
sydd wedi ymgartrefu ymhob cwr o dir
diffaith yn ddigon dymunol ond, heb
ei docio, mae'n tyfu'n llwyn esgyrnog,
anniben, a'r blodau i gyd o'r golwg ar
ben y llwyn. Mae'n werth darganfod
mathau ac iddynt rinweddau ychwanegol
i'w dail neu flodau. Ffefryn personol yw
'Black Knight' sy'n tyfu'n llwyn cryf ac
iddo flodau porffor tywyll iawn; rwy'n

is important to cut away old, unwanted
branches immediately after flowering so
that the new growth has time to ripen,
and therefore flower, before the following
season. *Weigela* flowers can be an insipid
pink but the variety in my garden,
'Bristol Ruby', a strong red, is a star in
June and a magnificent background for
the roses, columbine and cranesbills
around it.

Later in the year yet another trio
come to the fore, *Buddleia*, *Hypericum*
and *Fuchsia*; none of these start to
flower until August but they can go on
performing until the end of October.
The first is known as the butterfly bush,
as its flowers are amongst the best for
attracting these desirable insects and
it is the one bush all naturalists want
in their garden. Bees too are fond of
it and indeed the flowers are honey-
scented. The ordinary type that has
naturalised on every corner of waste
ground is nice enough, but without
pruning it can grow into a gaunt, untidy
bush with all the flowers out of reach
at the top. It is worth discovering types
with other virtues in their foliage or
flowers. My personal favourite is 'Black
Knight' that grows into a strong bush
with very dark purple flowers; I am

Buddleia 'Harlequin'

hoff o 'Harlequin' hefyd a'i ddail brith a'i flodau coch-borffor; mae 'Loch Inch' yn las bonheddig meddal a 'Royal Red' yn lliw moethus, fel yr awgryma'r enw; mae'r gyfres 'Nanho' – fel 'Nanho Blue' – yn ddigon cwta i dyfu'n llwyddiannus mewn pot ar batio. Bydd pob *Buddleia* yn denu pryfed yr un mor rhwydd ac maen nhw'n hawdd a chyflym i'w tyfu o doriadau. I gael y gorau ohonynt, rhaid eu tocio'n llym ar ddiwedd y gaeaf, ac os gallwch dorri'r blodau i ffwrdd wrth iddynt wywo, byddan nhw'n blodeuo'n hwy ac yn cadw'n daclusach. (Mae hyn yn

also fond of 'Harlequin' with variegated leaves and red-purple flowers; 'Loch Inch' is a soft, patrician blue and 'Royal Red' as sumptuous a colour as its name suggests; the 'Nanho' series like 'Nanho Blue' is small enough to grow successfully in a pot on a patio. All *Buddleia* attract insects with the same ease and can be grown easily and quickly from cuttings. To get the best out of them, prune them back hard at winter's end and if you can deadhead the flowers as they fade they will flower for longer and look tidier. (This is most

arbennig o bwysig gyda'r mathau gwyn, sy'n edrych yn ddi-raen wedi iddynt orffen blodeuo.)

Mae *Hypericum* yn ddosbarth arall o lwyni dibynadwy sy'n cael eu gwatwar gan y crach. Anwybyddwch nhw; mae *Hypericum* yn blanhigyn ardderchog, gyda'i flodau melyn llachar siâp soser a rhywbeth tebyg i frwsh siafio o friger yn y canol. Mae'r hen blanhigyn cydnerth *Hypericum calcynaeum* yn rhy doreithiog i ardd fach ond dyma un o'r gorau i orchuddio'r ddaear mewn cysgod ysgafn. Mae 'Hidcote' yn fwy o lwyn go iawn ac yn gwneud sioe dda hyd yn oed yn y cysgod, ond y gorau i mi yw 'Elstead', â blodau sy'n llai na soseri 'Hidcote' ond sydd â'r fantais o aeron coch yn eu dilyn. Rwy'n tocio fy llwyn i bron i'r ddaear bob gwanwyn ac erbyn yr haf mae at fy nghanol eto ac wedi'i orchuddio â ser aur!

Rhaid cyfaddef nad yw'r llwyni sy'n brif sêr mis Awst yn fy ngardd i, sef yr *Hibiscus* caled, yn blanhigion traddodiadol i ardd fwthyn. Mae pobl yn eu cysylltu â'r mathau o *Hibiscus* tyner sy'n dod o'r Trofannau. Gellir dadlau, yn ddigon teg, eu bod yn rhy estron i'r ardd fwthyn, ond yn y traddodiad bythynnol mae 'na le i ddod o hyd i ffefryn o'r tŷ mawr a cheisio'i dyfu. Mae'r tyddynnwr a'i ardd bob amser yn unigryw ei natur. Felly, os ydych am i fi ganiatáu rhododendron, *Acer* neu *Hydrangea* mewn gardd fwthyn,

important with the white varieties that look very dirty after flowering.)

Hypericum are another group of dependable shrubs scorned by gardening snobs. Take no notice: *Hypericum* are excellent plants with bright yellow, saucer-shaped flowers with a shaving-brush of yellow stamens in the centre. That old war-horse *Hypericum calcynaeum* is too vigorous for a small garden, but one of the best for covering ground in light shade. 'Hidcote' is more of a proper bush and makes a good show even in shade, but I think the best is 'Elstead' which has flowers smaller than the saucers of 'Hidcote' but with the advantage of being followed by red berries. I cut this almost to the ground every spring, and by the summer it is up to my waist again and covered with golden stars!

I admit that the star shrubs of August in my garden, the hardy *Hibiscus*, are not traditional cottage garden plants. They are associated in people's minds with the tender tropical *Hibiscus*. It could quite fairly be argued that they are too exotic for a cottage garden, however the cottage garden tradition allows for finding a grand garden favourite and trying to grow it. So, if you want me to allow rhododendron, *Acer* or *Hydrangea* in a cottage garden, I must have *Hibiscus* that is the glory of its season. I have two, the blue 'Bluebird' and the pink

Hypericum *Hidcote*

Fuchsia magellanica

rhaid i mi gael *Hibiscus* sy'n ogoniant i'r ardd yn ei dymor. Mae gennyf ddau, y 'Bluebird' glas a'r 'Woodbridge' pinc. Maent yn tyfu'n araf a nhw fydd yr olaf i ddeilio yn y gwanwyn, nes eich bod yn gofidio eu bod wedi marw yn yr oerfel, ond maent yn hollol wydn. Hefyd, wedi i mi eu gweld wedi'u tocio'n arw yng ngerddi ffurfiol Château de Chenonceau, sylweddolais y gellir eu disgyblu a'u hyfforddi fel y mynnwch.

I gloi'r flwyddyn a'r bennod, dyma'r llwyni *Fuchsia*, sy'n ddigon caled i'w plannu fel perthi ar yr arfordir, ond gellir eu tocio'n ôl i'r bôn bob gwanwyn os bydd eisiau eu cadw'n dwt. Riccartonii, Gracilis a 'Mrs Popple' yw'r mathau sy'n cael eu tyfu'n gyffredin fel perthi. Maent yn dod yn wreiddiol o Dde America ond fe'u gwelir wedi ymgartrefu'n eang mewn ardaloedd gorllewinol – ac ym Môn; maen nhw'n werth eu gweld os ewch am dro

'Woodbridge'. They are slow growing and the last to come into leaf in spring, so you fear they have died of cold, but they are totally hardy. Also, having seen them severely pruned in the formal gardens of Château de Chenonceau, I realised that they can be disciplined and trained as you wish.

To close both the year and the chapter we have the varieties of *Fuchsia* that are hardy enough to plant as hedges on the coast, but can be cut back every spring if necessary to keep them neat. Riccartonii, Gracilis and 'Mrs Popple' are the varieties commonly grown as bushes. They originate from South America but are seen naturalised extensively in the West – and in Anglesey; they are worth seeing if you take a trip to the west of Ireland at the end of the summer. Cuttings will root in a glass of water on the window sill but I

i Orllewin Iwerddon ar ddiwedd yr haf. Mae toriadau'n gwreiddio mewn gwydraid o ddŵr ar silff ffenestr, ond byddwn yn cynghori eu cadw yn y tŷ dros y gaeaf cyntaf a'u gosod yn yr ardd y gwanwyn canlynol er mwyn rhoi cyfle iddyn nhw galedu cyn wynebu'r gaeaf. Mae llawer o fathau caled o *Fuchsia* yn wych i'w tyfu yn y border neu mewn potiau, ac maent yn werthfawr gan eu bod yn tyfu ac yn blodeuo'n dda mewn cysgod. Credaf fod blodau *Fuchsia,* a'u siâp unigryw fel balerina, a'u lliwiau moethus, ymysg yr hyfrytaf yn yr ardd dyddyn.

Ond beth, meddech chi, am lwyni rhosod? Maen nhw'n haeddu pennod arbennig!

would advise keeping the plants indoors over the first winter and placing them in the garden the following spring so they have time to harden before facing a winter. There are many, many varieties of hardy *Fuchsia* that are excellent for growing in the border or in pots, and they are valuable as they grow and flower well in shade. I think *Fuchsia* flowers with their unique shape like ballerinas and sumptuous colours are amongst the loveliest in the cottage garden.

And what about rose bushes you say? They deserve a chapter of their own!

Fuchsia *'Princess Dollar'*

Pennod 5

Rhosod

Dywedir nad yw gardd yn ardd go iawn heb rosod, gymaint yw eu pwysigrwydd yn y traddodiad garddio ac yng nghalon y genedl. Maent yn rhan hanfodol o'r traddodiad 'rhosod o amgylch y drws' bythynnol hefyd. Byddwch yn sicr am eu tyfu – a phwy all eich beio!

Ni allaf ddweud eu bod yn ddidrafferth – yn enwedig y rhosod croesryw te a dyfid gan fy rhieni yn yr 1960au a'r 1970au, sy'n ferthyron i bob math o bryfed a heintiau. Mae'n rhaid eu chwistrellu a'u bwydo â gwrtaith yn gyson i'w cael i flodeuo'n dda. Pan ddechreuais arddio, prynais hanner dwsin o rosod felly yn weddol rad o Woolworths a'u gosod yn y pridd. Dyma sut y byddai'r rhan fwyaf yn dechrau

Chapter 5

Roses

It is said that a garden is not a garden without roses, such is their importance in the gardening tradition and the national affections. They are also an essential part of the cottage garden tradition, 'roses around the door'. Thus you are bound to want to grow them – and who can blame you!

However, they are not trouble free – especially the hybrid teas grown by my parents in the 1960s and 1970s that are susceptible to all sorts of pests and diseases. They need to be sprayed and fertilized consistently to perform well. When I started my garden I bought half a dozen such roses fairly cheaply from Woolworths and planted them. I suspect this is the way most people started

Rosa 'Alan Titchmarsh'

Rosa 'Buff Beauty'

tyfu rhosod yn y dyddiau hynny, am wn i, cyn dyddiau'r canolfannau garddio! Goroesodd dwy: 'Uncle Walter', rhosyn coch perffaith ei siâp, ac 'Iceberg', *floribunda* gwyn. Trwy lwc, roedd y ddau rosyn yn fathau hynod wydn ac maent yn addurn gogoneddus yn yr ardd hyd heddiw. Ar ôl ymdrechu i ddal eu tir am dymor neu ddau, trengodd y lleill. Tybiais felly nad oedd fy ngardd a'i phridd ysgafn yn addas i dyfu rhosod.

Os ydynt mor anodd i'w tyfu, sut maen nhw'n rhan mor bwysig o'r traddodiad gardd fwthyn? A beth oedd yr hen fythynwyr yn eu tyfu? Wel, hen rosod llwyni wrth gwrs. Maent yn rhydd o heintiau ar y cyfan ac yn tyfu'n llwyni mawr iach, ond bydd y rhan fwyaf ond yn blodeuo unwaith ym mis Mehefin. Rhyw ddwsin o flynyddoedd yn ôl, daeth ffrind oedd yn dwlu ar rosod i ymweld ac atebodd fy nghŵyn na allwn dyfu rhosod yn llwyddiannus gan awgrymu fy mod yn tyfu llwyni rhosod a'u hepil modern, a fridiwyd gan David Austin a bridwyr cyfoes eraill. O fewn byr amser roeddwn wedi ffoli ar y rhosod hyn. Dechreuais eu cyflwyno'n raddol bach rhwng y planhigion sefydlog, ac yn wir

growing roses in those days before the advent of garden centres! Two survived: 'Uncle Walter', a red rose of perfect shape, and 'Iceberg', a white *floribunda*. Luckily these two were very tough varieties and both are still a wonderful adornment to the garden to this day, but after struggling through one or two seasons the others gave up the ghost. I supposed therefore that my garden with its light soil was unsuitable for growing roses. If they are so difficult to grow, how have they become such an important part of the cottage garden tradition? What did the old cottagers grow? Well, old-fashioned shrub roses of course! On the whole they are disease free and make large, healthy bushes, but usually they only flower once in June. Some twelve years ago a friend who loves roses very much visited my garden and countered my complaint that I couldn't grow roses with the suggestion that I grow shrub roses and their modern offspring bred by David Austin and other contemporary breeders. Within a short time I was crazy about these roses and gradually began to introduce them

Rosa 'Deep Secret'

maent wedi ffynnu nes bod yr ardd erbyn hyn yn ardd rosod yn bennaf! Ond nid gardd rosod draddodiadol mohoni a phridd moel rhwng y planhigion, ond llain lle bydd yn rhaid i'r rhosod wthio ac ymdrechu drwy drwch y planhigion eraill yn union fel erstalwm yn yr ardd fwthyn. Fydda i ddim yn chwistrellu; rwy'n gwasgu'r pryfed a welaf rhwng fy mysedd, ac yna'n dibynnu ar ffrindiau i ddifa'r gweddill – ffrindiau fel y titw tomos las, adar y to a'r fuwch goch gota! Nid yw'r dail yn berffaith o bell ffordd, na'r blodau'n addas i'w harddangos chwaith, ond mae'r llwyni'n tyfu'n gryf ac yn blodeuo'n fendigedig. Y rhain yw'r rhosod sy'n coroni'r flwyddyn ym mis Mehefin gyda'u lliwiau a'u persawr gogoneddus.

Mae barn arbenigwyr yn amrywio ynghylch y ffordd orau o drin rhosod ac mae digon o gyngor da yn y llyfrau garddio, ond credaf y gallwn ofidio gormod am wneud camsyniadau wrth eu trin. Mae'n wir ei bod hi'n well tocio'r croesryw te yn galed i gael y gorau ohoni, ond rwy'n ffafrio tocio ysgafn. O ganlyniad, mae fy llwyni rhosod yn sefyll yn dal, uwchlaw'r plannu llysieuol o'u cwmpas. Ym mis Chwefror y bydda i'n tocio fel arfer, gan dorri rhai o'r brigau sy'n hen neu'n wan i roi strwythur agored i'r llwyn, ac yn gwneud y toriad uwchlaw eginen sy'n wynebu tuag allan o'r llwyn bob amser. Clywais stori gan ffrind a aeth ar gwrs ar sut i docio rhosod yn un o'r

between the permanent planting of the garden; indeed, they have thrived so well that my garden has become chiefly a rose garden! However, not a traditional rose garden with bare soil between the bushes, but a place where the roses have to push and jostle through the thickness of other planting just as long ago in the cottager's plot. I do no spraying, and squash the pests I find between my fingers, relying on friends like the blue tits, sparrows and ladybirds to destroy the rest. The leaves are far from perfect and the flowers aren't exhibition standard but the bushes grow strongly and flower magnificently. These are the roses that crown the year in June with their glorious colour and scent.

Authorities vary on the best way to treat roses and there is plenty of good advice available in gardening books, but I think that we worry too much about making mistakes in handling them. True it is best to prune hybrid teas hard to get the best out of them, but I am a light pruner myself. Consequently, my roses stand tall above the herbaceous planting beneath them. As a rule, I prune in February, pruning out old and weak branches to give the bushes an open structure, always cutting above an outward-facing bud. I heard a story of a friend who went on a course on how to prune roses at a famous rose nursery. She asked them how they coped with pruning

meithrinfeydd rhosod enwog. Gofynnodd sut roedden nhw'n ymdopi â thocio'r holl lwyni oedd ganddynt, a'r ateb oedd eu bod yn mynd drostynt â thociwr llwyni trydan! Felly peidiwch â phryderu gormod am gywirdeb eich tocio.

the large numbers of bushes they had, and was told they went over them with hedge trimmers! Therefore don't worry too much about the accuracy of your pruning.

Rosa *Ferdinand Picard*

Rosa *Gentle Hermione*

Rosa *Graham Thomas*

Rosa *Gertrude Jekyll*

Rosa 'Munstead Wood'

Rosa 'Noble Anthony'

Rosa 'Rhapsody in Blue'

Rosa 'Star Performer'

Byddai'r hen fythynwyr yn tyfu rhosod o doriadau oddi ar lwyni cymdogion. Nid yw hyn yn hawdd, ond mae'n werth y fenter os ydych am godi llawer o blanhigion i wneud perthi hir. Cymerwch doriadau pren aeddfed yn yr hydref a'u gosod yn y ddaear. Os dechreuant egino yn y gwanwyn, byddwch yn gwybod eu bod wedi gwreiddio'n llwyddiannus. Haws o lawer yw eu prynu o ganolfan arddio neu eu cael yn anrheg. Mantais eu prynu mewn potiau fel hyn yw eich bod yn gallu gweld, ac yn bwysicach arogli'r hyn rydych yn ei gael. Ond y ffordd orau yn fy mhrofiad i yw prynu rhosod noeth eu gwreiddiau yn y gaeaf, o gwmni ac iddo enw da. Mae'r rhain yn sefydlu'n well, er mor salw a diaddewid ydynt wrth gyrraedd yn y post! Mae'r rhosod hyn i gyd wedi'u tyfu ar wreiddiau rhosod gwyllt, ac mae'r uniad hwn o dociad a gwraidd yn rhoi cryfder i'r llwyn. Ond mae'n rhaid bod yn wyliadwrus na fydd crachgoed yn codi o'r gwreiddiau. Os na chânt eu torri allan bydd y rhosyn gwyllt yn ailafael. Os gwelwch sbrigyn a chanddo fwy na phum deiliosen i bob deilen, torrwch ef allan lle mae'n codi o dan y pridd.

Cwyn llawer yw bod llwyni rhosod yn hyll ac esgyrnog, yn enwedig yn y gaeaf pan na fydd dail arnyn nhw. Er nad ydynt ymysg y delaf o'r llwyni yr adeg hon, credaf fod gormod o bwyslais wedi'i roi

The old cottagers grew roses from cuttings of neighbours' bushes; this is not easy but worth a try if you need lots of plants to make a rose hedge. Take hardwood cuttings in the autumn and place them in the soil; if the buds begin to break in the spring you will know that they have taken. It is much easier to buy them from a garden centre or to get them as presents! The advantage of pot-grown roses is that you can see, and more importantly smell what you are getting. The best way in my experience is to buy them bare-rooted from a reputable firm in winter; they establish better despite how ugly and unpromising they appear when they arrive through the post. All these roses are grown on the rootstock of wild roses, and this grafting of cutting and root gives the bushes vigour. But you must be watchful for suckers arising from the rootstock; unless they are removed the wild-rose will take over. If a shoot appears with more than five leaflets per leaf, cut it out where it has arisen beneath the soil.

Many complain that rose bushes are ugly and gaunt, especially when leafless in winter. Although they are not the most beautiful of bushes at this time, I feel this is over-emphasised. Their shame is

ar hyn. Cuddir eu cywilydd os plennir planhigion llysieuol o'u cwmpas yn effeithiol. Mae gan lawer ohonynt ddail hyfryd, ffaith sy'n cael ei hanwybyddu mewn llyfrau garddio. Yn wir, mae cochni dail rhosod wrth iddynt agor a datblygu yn rhan o ogoniant y gwanwyn i mi. Mae rhai llwyni, y rhosod *rugosa*, yn lliwio'n dda yn yr hydref hefyd, yn felyn llachar.

Ceisiwch ddewis rhosod sy'n arogleuo'n dda os yw'n bosib. Eich trwyn eich hun yw'r arweiniad gorau; dyw llawer o'r rhosod a ganmolir am eu persawr yn y llyfrau ddim yn arogleuo yn fy ffroenau i. Mae'r dewis yn beth personol iawn; cofiwch mai'r dewis personol fydd yn rhoi cymeriad i'ch gardd fwthyn. Yn y tabl isod ceisiaf grynhoi fy marn a'm profiad o rai mathau. Fe sylwch fy mod yn ffafrio blodau cochion a rhai persawrus. Hefyd, ceisiaf ddewis mathau sy'n ailflodeuo'n hwyrach yn yr haf. Heblaw am 'Tuscany Superb', bydd pob un o'r rhain yn gwneud hyn, er nad yw'r ailflodeuo cystal â'r cyntaf gyda rhai. Mae blodau rhosod Seisnig yn tueddu i fod â siâp henffasiwn wedi eu chwarteru, yn hytrach na siâp blagur pwynt-uchel y croesryw te. Mae'r croesryw mwsg a'r croesryw bythol i gyd yn hen fathau sy'n deillio o ran gynta'r ganrif ddiwethaf ond nid wyf wedi cynnwys dim byd hŷn na hynny. Mantais y mathau mwy modern yw eu bod yn blodeuo'n well ac yn fwy tebyg o ailflodeuo.

masked anyway if they are effectively under-planted. Many have lovely foliage, a fact overlooked in gardening literature. Indeed, the redness of rose foliage as it unfolds is part of the glory of spring for me. Also, some shrubs, the *rugosa* roses, colour well in the autumn, a startling yellow.

Try to choose scented roses if possible. Your own nose is the best guide; many of the roses praised for scent in the books are not scented to me. The choice is very personal; remember it is the personal choice that will give your cottage garden its character. The table below summarises my opinion and experience of some varieties. Notice that I favour red roses and fragrant roses. Also, I try to choose varieties that repeat flower later in the summer. But for 'Tuscany Superb', all these will do so, although the second flush isn't as good with some. The English roses tend to be the old-fashioned quartered shape rather than the high-pointed buds of the hybrid teas. The hybrid musks and the hybrid perpetuals originate in the first half of the last century but to be honest there are no nineteenth-century cottage roses here. The more modern varieties have the advantage of better flowers and are more likely to repeat flower.

Enw Name	Dosbarth Class	Lliw Colour	Sylwadau Remarks
Alan Titchmarsh	Seisnig English	Pinc Pink	Dail del llwydwyrdd, blodau llawn, trwm, sy'n dueddol o blygu pen Attractive grey-green leaves, full, heavy flowers inclined to droop their heads
Brother Cadfael	Seisnig English	Pinc cynnes Warm pink	Blodau mawr persawrus, ddim yn llwyn cryf yn fy ngardd i Large fragrant flowers, not a strong bush in my garden
Buff Beauty	Croesryw mwsg Hybrid musk	Melyn hufennog Creamy yellow	Pren cryf, iach yn llawn blodau, ffefryn mawr A strong, healthy shrub that is covered with flowers, a great favourite
Deep Secret	Croesryw te Hybrid tea	Coch tywyll iawn Very dark red	Pren cryf iach ag ond ychydig o flodau perffaith, persawrus, yn ailflodeuo'n hwyr i'r hydref A strong, healthy shrub with but a few perfect, fragrant flowers, repeat flowering late into the autumn
Falstaff	Seisnig English	Coch tywyll Dark red	Blodau mawr wedi'u chwarteru, persawrus Large quartered blooms, fragrant
Ferdinand Pichard	Croesryw bythol Hybrid perpetual	Wedi'u stribedu â dau liw, coch a phinc Striped with pink and red	Blodau llai eu maint ond yn cael eu cynhyrchu'n hael, yn brydferth a phersawrus iawn Smaller flowers but generously produced, very beautiful and fragrant
Gentle Hermione	Seisnig English	Pinc golau cynnes Warm light pink	Blodau persawrus, mawr, hyfryd, pinc gwahanol i'r lleill Lovely, large, fragrant flowers of a different pink to the others
Gertrude Jekyll	Seisnig English	Pinc dwfn cynnes Deep warm pink	Un o'r rhosod gorau yn yr ardd, yn tyfu'n gryf a didrafferth, â phersawr bendigedig One of the best roses in the garden, growing strong and trouble-free, with a fantastic scent

Enw Name	Dosbarth Class	Lliw Colour	Sylwadau Remarks
Graham Thomas	Seisnig English	Melyn Yellow	Un o rosod cynnar David Austin, efallai'r melyn gorau One of David Austin's earliest roses, perhaps the best yellow
Iceberg	Floribunda Floribunda	Gwyn White	Hen ffefryn hael ei flodau An old favourite that is generous with its flowers
L D Braithwaite	Seisnig English	Coch Red	Un o gochion gorau David Austin One of David Austin's best reds
Marchesa Bocchella (Jacques Cartier)	Portland Portland	Pinc meddal Soft pink	Persawr hyfryd, blodau henffasiwn, llwyn mawr cryf, unionsyth Lovely scent, old-fashioned flowers, a large, strong, erect shrub
Munstead Wood	Seisnig English	Coch-borffor tywyll Dark red-purple	Newydd i'm gardd i ond yn argoeli'n dda, persawrus New in my garden, but promising well, fragrant
Noble Anthony	Seisnig English	Coch fel ceirios Cherry red	Byrrach na'r lleill, yn dda ar flaen y border, lliw arbennig Shorter than the others, good for towards the front of the border, remarkable colour
Rhapsody in Blue	Llwyn-rosyn modern Modern shrub rose	Glas-borffor Blue-purple	Lliw newydd ond sy'n gweddu i'r dim i flodau eraill yr ardd fwthyn A new colour but one that fits perfectly with other cottage garden flowers
Rose de Rescht	Damasg Damask	Coch-borffor Red-purple	Hen rosyn â lliaws o flodau persawrus, llai eu maint sy'n blodeuo drwy gydol y tymor, dail gwyrdd iach, ffefryn arbennig arall An old rose with lots of smallish fragrant flowers throughout the season, healthy green leaves, another particular favourite

Enw Name	Dosbarth Class	Lliw Colour	Sylwadau Remarks
Roserie de l'Hays	Rugosa Rugosa	Coch tywyll Dark red	Dail iach crychlyd, gwyrdd golau'r *rugosa*, yn lliwio'n felyn yn yr hydref. Blodau persawrus godidog. Llwyn mawr iach Has the healthy, crinkled, light green leaves of the *rugosas*, turning yellow in autumn. Magnificent, fragrant flowers. A large strong shrub
Star Performer	Patio Patio	Pinc golau Pale pink	Enghraifft o ddosbarth o lwyni bach sy'n addas i'w tyfu mewn potiau An example of a class of small bushes that are suitable for growing in pots
Souvenir du Docteur Jamain	**Croesryw bythol** Hybrid perpetual	Coch Red	Blodau coch arbennig sy'n ffynnu mewn cysgod ond ddim heb drafferth. Angen gofal arno! Remarkable red flowers, thrives in shade but not trouble-free. Needs care.
Tuscany Superb	Gallica Gallica	Porffor Purple	Sioe odidog ym Mehefin ond fel pob gallica dim ond yn blodeuo unwaith A wonderful show in June but like all gallicas it only flowers once
Uncle Walter	Croesryw te Hybrid tea	Coch Red	Llwyn esgyrnog â blodau godidog heb bersawr, yn colli ei ddail ac yn ferthyr i blâu. Serch hynny, bob amser yn goroesi ac yn tyfu'n ôl yn gryf A rangy shrub with splendid flowers but scentless, loses its leaves, a martyr to pests but always survives and grows back strongly nevertheless
William Shakespeare 2000	Seisnig English	Coch Red	Llwyn didrafferth â blodau hardd, persawrus A trouble-free shrub with beautiful, scented flowers

Enw Name	Dosbarth Class	Lliw Colour	Sylwadau Remarks
Young Lycidas	Seisnig English	Pinc-borffor Pink-purple	Math newydd o David Austin, heb wneud llwyn cryf eto ond lliw a phersawr arbennig A new David Austin rose that hasn't made a strong bush as yet but with remarkable colour and scent
Zepherine Drouhin	Bourbon Bourbon	Pinc cynnes Warm pink	Mae hwn yn ferthyr i bob pla a haint ac eto'n blodeuo'n arbennig. Tyfaf ef fel dringwr drwy *Hibiscus*, fyddwn i ddim hebddo, ac mae'n ddi-ddrain hefyd This one is a martyr to all pests and diseases and yet, flowers amazingly. Mine climbs through a *Hibiscus*, I wouldn't be without it and it's thornless

Mae'n hawdd cael eich swyno gan ramant, sentiment ac enwau barddonol wrth ddewis rhosod ac rwyf innau mor euog â neb o hyn. Ond os ydych chi'n ffoli ar rywbeth mae'n werth mentro arno. Peidiwch â bod yn rhy ddigalon os na fydd y llwyn yn llwyddiant; caledwch eich calon, taflwch ef allan a dewiswch rywbeth arall. Mae digonedd o rosod i ddewis ohonynt, sy'n addas at bob gardd. Gwnewch eich gwaith cartref a chyn bo hir, ymhen blwyddyn neu ddwy, bydd eich gardd yn llawn rhosod a'u persawr, fel fy ngardd innau.

(Trafodir rhosod sy'n dringo a rhosod sy'n crwydro yn y bennod ar blanhigion sy'n dringo.)

It is easy to be beguiled by romance, sentiment and poetic names when choosing roses and I am as guilty of this as anyone. But if you are charmed by something, it is worth giving it a try, just don't be too downhearted if the bush is not a success; harden your heart, throw it out and try something else. There are loads of roses to choose from, suitable for any garden; do your homework and in a year or two your garden will be full of roses and their scent, like mine.

(Climbers and ramblers are dealt with in the chapter on climbing plants.)

Rosa *'Young Lycidas'*

Rosa *'Peter Pan'*

Rosa *'Uncle Walter'*

Rosa *'The Generous Gardener'*

Rosa *'Souvenir du Docteur Jamain'*

Rosa *'Zepherine Drouhin'*

Rosa *'Tuscany Superb'*

Pennod 6

Planhigion sy'n Dringo

Mae planhigion sy'n dringo wedi bod yn rhan hanfodol o ardd fwthyn erioed. Maent yn bwysig mewn gerddi bychain yn enwedig gan eu bod yn meddalu'r strwythur caled ac yn ychwanegu uchder i'r borderi. Dyma'r union beth i greu awyrgylch ramantus gardd gudd. Bydd ar y rhan fwyaf o blanhigion sy'n dringo eisiau rhyw fath o gynhaliaeth fel dellt i fod ynghlwm wrtho; o'r rhai a ddisgrifir yma, dim ond eiddew a gwinwydd Virginia sy'n hunangynhaliol.

Ceir planhigion unflwydd sy'n dringo, fel Meri-a-Mari (*Tropaeolum majus*), perbys (*Lathyrus odoratus*) a'r ffeuen ddringo (*Phaseolus coccineus*), sy'n hyfryd ac yn gwneud sgrin dros dro ardderchog. Ond ar gyfer rhywbeth

Chapter 6

Climbing Plants

Climbers have always been an essential part of the cottage garden. They are particularly important in small gardens because of their ability to soften the hard landscape and add height to the borders. They are the very thing to create the romantic atmosphere of a secret garden. Most climbers require some sort of support like trellis to attach to; of the ones described here only ivy and Virginia creeper are self-supporting.

There are annual climbers such as nasturtiums (*Tropaeolus majus*), sweet peas (*Lathyrus odoratus*) and runner beans (*Phaseolus coccineus*) that are ideal to create a splendid temporary screen, but for something more permanent, perennial plants are

Lathyrus odoratus

Phaseolus coccineus

mwy parhaol mae angen planhigion lluosflwydd. Mae math o berbys, *Lathyrus latifolius,* yn lluosflwydd. Dyma blanhigyn cydnerth sy'n gallu dringo i ben llwyn mewn tymor ac sy'n dychwelyd flwyddyn ar ôl blwyddyn. Mae'r blodau'n llai na rhai perbys go iawn, ac yn anffodus yn ddibersawr, ond mae'r lliwiau gwyn, pinc a chochbinc yn ddeniadol iawn. Gellir ei dyfu o hadau neu o doriadau o'r gwaelod yn y gwanwyn.

Er mwyn cael rhywbeth gydol y flwyddyn, rhaid troi at y bythwyrdd, a beth sy'n well nag eiddew (iorwg)

needed. There is a kind of everlasting pea (*Lathyrus latifolius*) that is perennial. It is a strong plant that can climb to the top of a bush in a season and returns year after year. The flowers are smaller than sweet peas and unfortunately unscented, but the colours, white, pink and rose-red, are very attractive. It can be grown from seed or basal cuttings in spring.

For a year-long covering, something evergreen is needed and what better than the traditional ivy (*Hedera helix*) in all its varieties. It is not injurious to sound masonry as often believed, indeed it gives it shelter, but it must be prevented

Hedera *Angularis Aurea*

Parthenocissus quinquefolia

Jasminum x stephanense

Hedera canariensis

(*Hedera helix*) traddodiadol yn ei amryw fathau. Nid yw'n niweidiol i waith cerrig fel y credir gan lawer, yn wir mae'n rhoi cysgod iddo, ond rhaid bod yn ofalus rhag iddo fynd o dan lechi neu i mewn i'r cafnau. Byddai math gwyrdd plaen yn gwneud cefndir smart i blanhigion mwy lliwgar ymhen amser, ond da fyddai defnyddio math a chanddo ddail diddorol, fel *cristata* neu *sagittifolia*. I oleuo cornel dywyll gellir defnyddio math brith fel 'Goldheart', neu un melynddail fel Angularis Aurea. Yn fy mhrofiad i mae pob math o eiddew mor wydn ag unrhyw blanhigyn, ond os tyfwch ef mewn pot gofalwch na fydd yn sychu neu bydd yn sicr o farw.

Ar gyfer y gaeaf, awgrymaf jasmin-y-gaeaf (*Jasminum nudiflorum*), llwyn wal ymledol sy'n tyfu'n rhwydd o doriadau. Fel eiddew, mae'n dechrau'n araf, ond yn wydn unwaith y bydd wedi sefydlu. Mae ganddo dyfiant anniben felly rhaid ei ddisgyblu gan ei glymu a'i docio'n aml. Mae'r blodau melyn ymysg y gorau o flodau'r gaeaf (mae'r rhan fwyaf o'r rheiny'n cael eu gorganmol yn fy marn i). Gall ddechrau blodeuo mor gynnar â mis Tachwedd, a pharhau drwy gydol y gaeaf, gyda blodau newydd yn agor yn gyson ar ôl rhew caled i adnewyddu'r sioe. Mae jasmin-yr-haf (*Jasminum officinale*) yn golldail ac yn blanhigyn dringo go iawn a chanddo frigau sy'n troelli o amgylch y cynhalbyst. Mae'r blodau'n wyn ac yn

from finding its way under slates or troughing. The plain green sorts make a smart background to more colourful plants in time, a variety with interesting leaves like *cristata* or *sagittifolia* would be good. To lighten a dark corner a variegated variety like 'Goldheart' or with yellow leaves like Angularis Aurea can be used. In my experience all varieties are as tough as old boots but if you grow them in pots ensure they don't dry out or they will surely die.

I recommend winter jasmine (*Jasminum nudiflorum*) for winter interest, a spreading wall shrub that grows easily from cuttings. Like ivy it starts slowly but is hardy once established. It has an untidy growth habit that must be disciplined with tying in and cutting back often. Its yellow flowers are amongst the best of winter flowers (most are unjustifiably praised in my opinion). It starts flowering as early as November some years and

Jasminum nudiflorum

Parthenocissus quinquefolium

Lonicera periclymenum

arogleuo'n hyfryd, ond fel ei berthynas melyn mae angen disgyblaeth a thocio arno gan ei fod yn dyfwr mor gryf. Mae gennyf y math croesryw *Jasminum x stephanense* sy'n blodeuo'n binc, ac mae wedi tyfu i orchuddio sied fetel drws nesaf yn gyfan gwbl. Yn ffodus nid oes gwahaniaeth gan fy nghymydog!

I gael lliw yn yr hydref defnyddiwch naill ai winwydd Virginia (*Parthenocissus quinquefolia*) a'i phum deiliosen i bob deilen, neu eiddew Boston (*Parthenocissus tricuspidata*) â'i ddail llabedog. Gellir dibynnu ar y ddau i

lasts throughout the winter, new flowers appearing after a hard frost to refresh the display. Summer jasmine (*Jasminum officinale*) is deciduous and a true climber with stems that twine around supports. The flowers are white and fragrant but like its yellow cousin it requires keeping in bounds as it is a strong grower. I have a hybrid variety *Jasminum x stephanense* with pink flowers that has entirely engulfed next door's tin shed. Fortunately, my neighbour doesn't mind!

For autumn colour grow either

liwio'n fflamgoch trawiadol cyn i'r dail syrthio. Maent yn hoffi pridd sych fel a geir yn aml ar waelod wal ac maent yn dal yn dynn â'u sugnyddion bach er eu bod yn falch o gymorth ar y cychwyn cyntaf i'w hannog i ddringo. Mae'r ddwy'n perthyn i'r wir winwydden (*Vitis vinifera*) a'r winwydden (*Vitis cotigerae*) sydd hefyd yn lliwio'n ysblennydd yn yr hydref. Rwy'n siŵr y byddent hwythau hefyd yn ddewis da mewn gardd fwthyn, ond maent y tu hwnt i'm profiad i.

Mae gwyddfid (*Lonicera periclymenum*) yn angenrheidiol mewn gardd fwthyn, gyda'i flodau hyfryd eu persawr ac aeron cochion yn dilyn yn aml. Tyfwch naill ai'r math cynhenid â blodau melyn meddal, neu un o'i epil sy'n tyfu mewn gerddi ac sy'n wridog eu lliw, sef y blodeuwr cynnar 'Belgica' a'r 'Serotina' diweddarach. Mae'n cymryd tair blynedd i dociad flodeuo, felly byddwch yn amyneddgar, ond cewch sioe odidog yn flynyddol wedyn.

Brenhines y planhigion sy'n dringo yw'r clematis ond mae'n siomi garddwyr dibrofiad yn rhy aml. Y rhwyddaf a'r mwyaf addas i fwthyn yw *Clematis montana* a'i rywogaethau sy'n cael eu gorchuddio â blodau serog gwyn neu binc yn y gwanwyn. Gall y rhain dyfu'n blanhigion digon enfawr i guddio coeden, neu hyd yn oed fwthyn cyfan! Felly nid dyma'r dewis gorau mewn gardd fechan. Y mathau croesryw â

Virginia creeper (*Parthenocissus quinquefolia*) with five leaflets to a leaf, or Boston ivy (*Parthenocissus tricuspidata*) with lobed leaves. Both can be depended upon to turn a striking colour of flame before the leaves fall. They like the dry earth often found at the base of a wall and they cling to it by tiny suckers although they appreciate support to get going at first. Both are relatives of the true vine (*Vitis vinifera*) and *Vitis cotigerae* that also colours splendidly in autumn. I'm sure they too would be a good choice for a cottage garden but they are beyond my growing experience.

Honeysuckle (*Lonicera periclymenum*) is essential for a cottage garden, generous with lovely perfumed flowers and often red berries to follow. Either grow the native variety with its soft yellow flowers or one of its progeny grown in gardens that are blushed pink, the early 'Belgica' or the later 'Serotina'. It takes three years from cutting to flowering, so be patient, but the performance thereafter will be splendid.

Clematis is called the queen of climbers but too often it disappoints inexperienced gardeners. The easiest and most suitable for a cottage garden are *Clematis montana* varieties that are covered with starry white or pink flowers in spring. These can grow into plants enormous enough to cover trees or even an entire cottage. Thus, not

Clematis *Rebecca*

blodau mawr fel Jackmanii porffor sy'n cael eu tyfu gan y rhan fwyaf o arddwyr. Rhaid troi at lyfrau arbenigol i ddysgu sut i'w trin rhag iddynt wneud cwlwm anniben, diflodau. Fodd bynnag, gallant gymryd sawl blwyddyn i setlo a thyfu'n dda ac maent yn hoffi digon o wrtaith, fel rhosod (gellir tyfu'r ddau blanhigyn gyda'i gilydd felly). Mae clematis yn hoff o gysgod ar y gwreiddiau ond yn hoffi'i ben yn yr haul i ddangos

the best choice for a small garden. It's the large-flowered hybrids such as the purple Jackmanii that most people grow. Specialist books will tell you how to prune them and prevent them becoming a tangled mess. They will however take time to settle down and flower well; like roses they like plenty of manure (so the two can be grown together). Clematis like their roots in shade but their heads in the sun to show off the flowers. They

Rosa *'Leontine Gervaise'*

ei flodau. Maent hefyd yn dioddef o glefyd 'clematis wilt', ond os cânt eu tocio'n ôl yn galed, byddant yn adfywio. Y gelyn mawr yn fy mhrofiad i yw'r falwoden sy'n barod i ddringo er mwyn cael tamaid blasus ar egin neu flodau clematis! Mae llyfrau'n ein hannog i dyfu clematis drwy lwyni er mwyn estyn y tymor blodeuo ar lwyn sy'n ddi-nod am ran helaeth o'r flwyddyn. Syniad campus, ond rwyf wedi'i chael hi'n anodd iawn gwarchod clematis yng nghanol llwyn; er gwaetha llwyddiant cychwynnol, diflannu o'r llwyni wna'r clematis bob tro. Gwell efallai fyddai sefydlu'r clematis gyntaf cyn i dyfiant arall allu ei dagu. Rwyf wedi cael llwyddiant wrth dyfu clematis mewn potiau, ar yr amod fod y pot yn ddigon mawr i ganiatáu'r dyfnder pridd maen nhw'n ei hoffi, ac mae'n haws cadw llygad arnynt mewn pot. Ar hyn o bryd 'Polish Spirit' a 'Rouge Cardinal' sy'n lliwio corneli gen i.

Mae rhosod sy'n dringo yn elfen draddodiadol iawn mewn gardd fwthyn a does dim sy'n brydferthach na gweld rhosyn yn ei flodau ar wal tŷ. Mae'n bwysig cael strwythur cadarn i'w cynnal a chofiwch y bydd angen

also suffer from clematis wilt; I have no experience of this but understand that if they are hard pruned they will recover. The big enemy in my experience are snails that are prepared to climb up for the tasty morsel of a shoot or flower-bud. The books encourage growing clematis through shrubs to extend their season of interest. A capital idea but I have found it difficult to nurture a clematis in the middle of a bush; after some success, the clematis disappeared from the shrub every time. Better perhaps to establish the clematis first before surrounding growth can choke it. I have had success growing clematis in pots, as long as the pot is sufficiently large to provide the depth of soil they like, and it is easier to keep an eye on them in pots. At present 'Polish Spirit' and 'Rouge Cardinal' give me colourful corners.

Climbing roses are a very traditional element of a cottage garden and nothing is prettier than seeing a rose in flower on the wall of a house. It is important to provide a strong support structure and remember you will need a ladder to train and prune them! It is possible too to train them through trees, old fruit trees past their best fruiting days perhaps. I have a

ysgol arnoch i'w trin a'u tocio! Mae'n bosib hefyd eu cyfeirio i dyfu drwy goed, hen goed ffrwythau nad ydynt yn dwyn ffrwyth bellach, efallai. Mae 'Climbing Ena Harkness' yn tyfu drwy gerdinen gennyf, ac yn edrych yn hardd iawn. Bargen archfarchnad flynyddoedd yn ôl oedd y rhosyn, ond fe oroesodd ac mae'n perfformio'n dda gyda'r cynhaliwr presennol! Un enwog arall sy'n werthfawr i'w dyfu ar wal ogleddol yw 'Mme Alfred Carrière'; mae ganddo flodau gwyn sy'n gwrido'n binc, a ffurf ac arogl perffaith i'r blodau. Mae rhosod sy'n dringo yn aml wedi tarddu o *floribunda* neu groesryw te traddodiadol, felly dewiswch ffefryn a chwiliwch am un tebyg sy'n dringo. Enghraifft o fath sy'n dringo a gefais yn anrheg yw 'The Generous Gardener';

'Climbing Ena Harkness' growing through a rowan that looks very fine; it was a supermarket bargain many years ago but it has survived and performs well with its present support. 'Mme Alfred Carrière' is another famous one valuable for growing on a north wall; it has white flowers that blush pink with a perfect form and fragrance. Climbing roses are often sorts that have arisen from traditional hybrid tea or floribunda types so research your favourites and choose a similar climbing form. I was given as a present 'The Generous Gardener', an example of a climbing sort; it has all the virtues of the original bush, that is dark, healthy leaves and large, fragrant pink flowers, but with sufficient growth to adorn a wall to the top! Rarely will there be room for more than one or two in a small garden.

Rosa *'Alberic Barbier'*

Rosa *'Climbing Ena Harkness'*

Rosa *'Leontine Gervaise'*

mae ganddo holl rinweddau'r llwyn gwreiddiol – dail tywyll, iach, a blodau pinc mawr a phersawrus – ond mae'r tyfiant yn ddigon i addurno wal i'r brig. Prin bydd lle mewn gardd fechan am fwy nag un neu ddau. Mae gan rosod sy'n crwydro flodau mwy lluosog fel arfer ond eu bod yn llawer llai eu maint a byth yn ailflodeuo mewn tymor. Ond mae gennyf 'Alberic Barbier' (blagur melyn sy'n agor yn wyn) a 'Leontine Gervaise' (blagur oren sy'n agor yn binc) sy'n rhoi rhai blodau ychwanegol yn yr hydref; mae blodau'r ddau yn fwy na'r crwydri wr cyffredin hefyd. Ar y cyfan dylid trin rhosod sy'n dringo a rhosod sy'n crwydro fel rhosod eraill ac mae dewis pa rai i'w plannu'n ddewis personol. Gan eu bod yn gostus ac yn anodd eu symud wedi'u sefydlu, dylid ystyried yn fanwl ac ymchwilio'n ddyfal cyn eu plannu.

Yn olaf, cofiwch y byddai'r tyddynnwr weithiau'n cael gafael ar dociad o rywbeth arbennig o'r tŷ mawr gerllaw a fyddai'n ffynnu dan ei ofal ac yn edrych yn rhyfeddol er nad planhigyn gardd fwthyn traddodiadol mohono. Efallai mai wisteria fyddai, yn hawlio amynedd a thocio medrus, neu winwydden a fyddai'n cynhyrchu bwnsieidi tew o rawnwin dan gysgod wal y bwthyn. Mae wal yn dal y gwres ac yn rhoi'r math o gynhaliaeth nas ceir mewn mannau eraill yn yr ardd. Fy nhrysor i yw blodyn-y-dioddefaint (*Passiflora caerulea*), sy'n

Ramblers usually have more numerous but smaller flowers and seldom do they repeat flower. But I have 'Alberic Barbier' (yellow buds opening white) and 'Leontine Gervaise' (orange buds opening pink) that give a few extra flowers in the autumn; their flowers are larger too. Climbers and ramblers can on the whole be treated like other roses and the choice is personal. As they are expensive to buy and difficult to move once established, consider carefully and research thoroughly before you plant them.

Lastly, remember that perhaps the cottager would get hold of a cutting of something special from the great house nearby that would flourish under his care and look wonderful even though it was not a traditional cottage garden plant. Perhaps it would be a wisteria that claimed his patience and skilful pruning, or a vine producing bunches of grapes under the shelter of the cottage wall. A wall holds the heat and gives the sort of shelter not found elsewhere in the garden. My treasure is a passion-flower (*Passiflora caerulea*) growing in a

tyfu mewn pot mawr yn ymyl y tŷ. Mae'n hollol wydn yma yn y gorllewin. Mae'r blodau symbolaidd bob amser yn werth edrych yn fanwl arnynt, ac er nad ydynt yn para'n hir yn unigol mae'r planhigyn yn blodeuo am gyfnod hir. Nid oes angen pridd cyfoethog arno a gellir ei wreiddio o dociad mewn gwydraid o ddŵr ar silff y ffenest.

I grynhoi felly, mae'n werth tyfu planhigion sy'n dringo er mwyn rhoi agwedd fertigol i'r ardd, ond ystyriwch yn ofalus cyn dewis gan gofio pethau ymarferol fel anghenion tocio a chlymu. Cofiwch hefyd pa mor rhemp yw tyfiant rhai, rhag iddynt orlwytho'r ardd.

large pot near the house. It is fully hardy here in the west. The symbolic flowers are always worth close inspection, and though they do not last long individually they are are produced over a long time. It does not need rich soil and can easily be grown from a cutting rooted on the window sill.

In summary then, it is worth growing climbers to give a vertical aspect to the garden but choose carefully, remembering practical considerations such as their pruning and training needs. Remember too how vigourously some grow so that they do not overwhelm the garden.

Lonicera periclymenum

Planhigion Lluosflwydd Gwydn

Y rhain yw prif gynheiliaid y borderi, yn enwedig yn yr haf; dylent fynd o nerth i nerth o dymor i dymor heb ormod o ffwdan.

Serch y geiriau gobeithiol hynny, dechreuwn gyda hen ffefrynnau sydd ddim mor ddidrafferth. Rwyf wedi tyfu bysedd-y-blaidd a throed-yr-ehedydd yn eu tro, dau fath o blanhigyn urddasol â sbrigau tal o flodau, sy'n rhan draddodiadol o ardd yr haf yn y wlad hon. Ond mae angen gwrteithio troed-yr-ehedydd a'i gynnal â pholion tal, cadarn i gynhyrchu'r sbrigau godidog a welir mewn lluniau. Nid oes hir oes iddynt chwaith, er gwaetha'r gofal gorau, a rhaid eu hatgyfnerthu drwy gymryd tociadau

Chapter 7

Hardy Perennials

These are the mainstay of the borders, particularly in summer; they should go from strength to strength from season to season without much fuss.

Indeed, the majority will do this but I must start with two old favourites that are not trouble-free. I have grown both lupins and delphiniums; both are stately plants with tall flower-spikes that are part of the tradition of the summer garden in this country. Delphiniums however need to be well fertilised and supported with strong, tall stakes to produce the splendid flower-spikes seen in photographs. Nor are they long-lived, despite the best of care, and must be renewed from basal cuttings regularly.

Delphinium var.

Aconitum up.

o'r gwaelod yn gyson. Roedd gennyf un glas tywyll (toriad oddi ar blanhigyn ffrind, yn nhraddodiad gorau'r ardd fwthyn) ond roedd yn ferthyr i'r malwod ac ar ôl un sioe ddewr rhoddodd y gorau iddi. Nid oes un arall wedi dod yn ei le. Credaf mai rhai glas sy'n edrych orau ac os gallwch fynd i'r drafferth nid oes gwell addurn i gefn border gardd fwthyn. Mae cwcwll-y-mynach (*Aconitum*) yn debyg i droed-yr-ehedydd, gyda sbrigau glas tal eto, ac yn perthyn i'r un teulu. Bydd rhai mathau o hwn yn blodeuo'n hwyrach yn y flwyddyn er mwyn ymestyn tymor y sbrigau. Ond cymerwch ofal, mae pob rhan o'r planhigyn yn wenwynig dros ben.

Rwy'n hoff iawn o fysedd-y-blaidd (*Lupinus*) hefyd ond rhoddais y gorau i'w tyfu gan eu bod yn hawlio llawer o le (am

I had a dark blue one (a cutting from a friend's plant in best cottage garden tradition) but it was a martyr to slugs and after one good show gave up the ghost. No other has replaced it. I think the blues look the best so if you can take the trouble, there is no better decoration for the back of a cottage garden border. Monkshood (*Aconitum*) is similar to delphinium with tall blue flower spikes and comes from the same family. Some forms flower later in the year to extend the season of the spikes. But take care, all parts of the plant are very poisonous.

I'm fond of lupins (*Lupinus*) too but I gave up growing them as they took up so much room for such a short flowering season and they were always plastered with aphids. This aphid that is a pest

Lupinus var.

dymor byr o flodau) ac yn blastar o bryf gwyrdd bob amser. Mae'r pryf gwyrdd sy'n bla arnynt, ac ar rywogaethau eraill o deulu'r pys, yn enfawr o'u cymharu â phryfed gwyrdd ar blanhigion eraill. Gymaint eu nifer, roedd y planhigion yn gwywo! Felly gwaredais fysedd-y-blaidd o'r ardd, er bod gennyf hiraeth ar eu hôl; bob tro y gwelaf hwynt mewn gerddi eraill â'u sbrigau lliwgar a'u dail pert, meddyliaf efallai y dylwn eu hailgyflwyno. Rwy'n tyfu perthynas i fysedd-y-blaidd, sef indigo gwyllt (*Baptisia australis*), sy'n gynhenid i baith America. Sbrigau glas sydd ganddo yntau hefyd, tebyg i fysedd-y-blaidd, ac ar ôl iddo flodeuo ym Mehefin mae'n datblygu fel llwyn ac iddo ddail llwydwyrdd addurniadol iawn. Mae'r malwod yn hoff o hwn hefyd ond mae'n blanhigyn cadarnach a hyd yn hyn yn rhydd o'r pryf gwyrdd enfawr.

Planhigyn ysblennydd a thraddodiadol arall yw blodau'r brenin neu'r rhosyn mynydd (*Paeonia*). Mae'n hollol wydn ac yn rhydd o blâu. Mae ganddo ddail addurniadol, yn enwedig wrth iddynt ddatblygu'n goch yn y gwanwyn. Y drafferth yw eu bod yn cymryd oesoedd i ymgartrefu a blodeuo'n dda. Cefais sawl darn o'r math dwbl coch godidog (*Paeonia officinalis*) oedd yn tyfu (a blodeuo'n dda!) yng ngardd fy modryb. Y cyngor cyffredinol yw y dylid gadael llonydd iddo, ond dim ond

of lupins and other members of the pea family is huge compared with other greenfly. Such were their numbers, the plants wilted! And so I got rid of lupins from my garden but not without a pang, and every time I see them in other gardens with their colourful flower-spikes and attractive leaves I think I should reintroduce them. I do grow their relative wild indigo or baptisia (*Baptisia australis*) that comes from the American prairies. It has blue flower-spikes that are similar to lupins and flowers in June; after flowering, the plant develops like a small shrub with most attractive grey-green leaves. Slugs like this too but it is a more robust plant and is so far free of the enormous aphids.

Paeony (*Paeonia*) is another glorious and traditional plant. It is totally hardy and disease free. It has decorative leaves, especially as they unfold red in spring. The trouble is they take ages to settle down and flower well. I have been given several pieces of the wonderful double red kind (*Paeonia officinalis*) that grew (and flowered!) well in my aunt's garden. The given knowledge advises never to disturb them but after five years I only got a single flower a year and in the end I couldn't justify keeping it. Perhaps I planted it too deep (the rhizomes must be on the surface of the soil) or it lacked nutrient or sun where I planted it. Another plant that's worth trying,

Paeonia officinalis

Hemerocallis fulva

Veronicastrum virginicum

Eupatorium purpureum

Persicaria bistorta

Astrantia *Roma*

Geum rivale

Convollaria majalis

Polygonatum x hybridum

Hemerocallis *'Golden Chimes'*

Anemone x hybrida

un blodyn a gefais i arno bob tymor am bum mlynedd ac yn y diwedd ni allwn gyfiawnhau ei gadw. Efallai fy mod wedi'i blannu'n rhy ddwfn (dylai'r cloron fod ar wyneb y pridd) neu fod diffyg gwrtaith neu haul yn y lle y plannais ef. Dyma blanhigyn arall sy'n werth rhoi cynnig arno gan fod y blodau, yn goch, pinc a gwyn, yn fendigedig, a'r rhan fwyaf yn arogleuo'n hyfryd hefyd.

Ar gyfer corneli tywyll mae gennym yr isel a hyfryd lili'r dyffryn (*Convallaria majalis*) a'r tal a chain sêl Solomon (*Polygonatum x hybridum*). Mae'r ddau'n codi ac yn lledu o wreiddgyffion tanddaearol. Mae lili'r dyffryn yn enwog a hoff oherwydd y blodau persawrus gwynion; gall dyfu fel chwyn mewn un ardd a methu'n llwyr drws nesaf am ddim rheswm! Yn anffodus, nid yw'n hoff o'm gardd i er iddo dyfu'n drwch yng ngardd fy mam-gu, oedd ond stryd i ffwrdd. Mae digon hefyd yng ngardd fy mam. Nid yw'n blanhigyn amlwg iawn ond mae'n werth dod o hyd i gornel i roi cynnig arno. Diymhongar hefyd yw sêl Solomon â'i ffyn hud hardd a thal, ond mae'n llawn cymeriad ar gyfer rhannau cysgodol yr ardd. Y drafferth fwyaf gyda hwn yw ei fod yn denu lindys llifbryf, sy'n gallu troi'r dail yn sgerbydau os na fyddwch yn wyliadwrus.

Gellir cael planhigion tebyg i lili sy'n blodeuo gydol yr haf. Gan ddechrau ym mis Mai mae'r lili undydd melyn

as the flowers in red, pink and white, are magnificent and the majority smell wonderful too.

For dark corners we have the low and lovely lily-of-the-valley (*Convallaria majalis*) and the tall, elegant Solomon's seal (*Polygonatum x hybridum*). Both arise and spread from subterranean rhizomes. Lily-of-the-valley is famous for its white, perfumed flowers that can grow like a weed in one garden and fail utterly next door for no reason! Unfortunately, it doesn't like my garden though it grew thickly in my grandmother's only a street away. There are plenty in my mother's garden too. It isn't a very conspicuous plant but worth finding a corner for if you have one. Unassuming too is Solomon's seal with its tall, comely wands but full of character for shady parts of the garden. Its main problem is that it attracts sawfly caterpillars that can skeletonise the leaves, so be watchful.

There are lily-like plants that flower throughout the summer. Beginning in May the yellow day-lily (*Hemerocallis flava*) flowers; this has pretty sprays of

(*Hemerocallis flava*) yn blodeuo; mae gan hon sbrigau del o flodau persawrus, melyn clir, ond gall fod yn brin ei blodau os na chaiff ddigon o haul. Gwell o lawer yw'r mathau croesryw sy'n blodeuo ym mis Gorffennaf. Maent i gyd yn creu pentwr o ddail glaswelltog a blodau sy'n para am ddim ond diwrnod yn unigol ond sy'n cael eu cynhyrchu'n gyson dros gyfnod hir. Melyn ac oren yw'r lliwiau traddodiadol ond mae'r croesrywiau newydd yn binc, browngoch, porffor a gwyn hefyd. Mae'r hen fath *Hemerocallis fulva* yn dwffyn enfawr yn fy ngardd erbyn hyn ac yn gwneud sioe dda ar ddiwedd y tymor, yn ogystal â chyfrannu at wyrddni a strwythur yr ardd.

Ym mis Gorffennaf hefyd bydd lili Periw (*Alstroemeria*) yn blodeuo. Mae'r math henffasiwn (*A. aurantica*) yn oren ond mae'r 'Ligtu Hybrids' a mathau modern eraill i'w cael ym mhob math o liwiau hyfryd, o'r gwyn a melyn i'r coch a phorffor. Daethant yn boblogaidd iawn fel blodau i'w torri gan eu bod yn para'n hir mewn dŵr, ond er eu bod yn ddeniadol iawn ac yn meddu ar ffurf a lliwiau sy'n gweddu i ardd fwthyn, nid ydynt mor boblogaidd i'w tyfu mewn gerddi. Y ffordd orau i'w sefydlu yw trwy brynu planhigion gweddol o faint mewn potiau, gan fod y gwreiddiau'n fregus iawn ac mae'n anodd cael rhaniadau o dwffiau eraill i gydio a thyfu. Nid yw'n hawdd i ddechrau, felly, ond llwyddais

fragrant, clear yellow flowers but can be shy to flower without enough sun. Better by far the hybrids that flower in July. They all produce a clump of grassy leaves and flowers that last but a day individually but are produced continuously over a long period. Yellow and orange are the traditional colours but there are modern hybrids in pink, tawny, purple and white. The old variety *Hemerocallis fulva* is a huge clump in my garden by now and makes a good show late in the season as well as contributing greenery and good structure to the garden.

It is in July too that Peruvian lilies (*Alstroemeria*) flower the old type (*A. aurantica*) is orange but the 'Ligtu Hybrids' and other modern varieties come in all sorts of lovely colours from yellow and white to red and purple. They have become very popular as cut flowers as they last so well in water, but despite being so attractive and having colours that suit a cottage garden, they are not popular as garden plants. The easiest way to establish them is to buy quite substantial plants in pots as the roots are very brittle and it is difficult to get divisions of other clumps to take and grow. They are thus not easy to get started but I did succeed with a plant that grew and flowered well for ten years before dying out. The flower-spikes needed supporting with branches and it

Alstroemeria

Crocosmia *'Lucifer'*

i gael planhigyn i dyfu a blodeuo'n dda am ryw ddeng mlynedd cyn iddo drengi. Roedd yn rhaid cefnogi'r sbrigau â brigau ac roedd yn dueddol o dyfu drwy blanhigion eraill, ond o! roedd yn ddel. Wedi colli hwn, digonais fy chwant amdanynt drwy brynu blodau wedi'u torri o'r siop i addurno'r tŷ.

Ym mis Awst daw'r geirchen goch (*Crocosmia x crocosmiflora*) i'r amlwg. Dyma blanhigyn croesryw sydd wedi'i feithrin mewn gerddi ar ôl croesi dwy rywogaeth o *Crocosmia* o Dde Affrica. Er ei fod yn deillio o le cynnes, mae'n ddigon cadarn i ymgartrefu fel brodor yng ngorllewin yr Ynysoedd Prydeinig

tended to grow through other plants, but oh, it was beautiful. After losing mine, I fed my appetite for it by buying it as a cut flower for the house.

In August montbretia (*Crocosmia x crocosmiflora*) comes to the fore. It is a hybrid plant bred in gardens from two South African species of *Crocosmia*. Though originating in a warm country it is hardy enough to naturalise like a native in the west of the British Isles, and in Ireland this plant and the *Fuchsia* bushes are prominent plants in the hedges. The books warn that it is tender but it should be quite safe in Wales. Only obtain half a dozen corms from the plant

– yn wir, yn Iwerddon, hwn a'r llwyni *Fuchsia* yw'r planhigion mwyaf amlwg a chyffredin ym mherthi'r wlad. Mae'r llyfrau'n rhybuddio am ei dynerwch, ond yng Nghymru bydd yn ddigon diogel. Dim ond hanner dwsin o gormau oddi ar blanhigyn cyfaill sydd eu hangen a chyn bo hir bydd gennych dwffyn toreithiog a'i ddail fel cleddyfau, a sbrigau blodau oren yn debyg i *Freesia*. Mae'n lledu'n gyflym a bydd yn rhaid ei ddisgyblu rhag iddo droi'n chwyn, ond fyddwn i ddim hebddo. Mae sawl math sydd wedi eu bridio yn cael eu canmol yn arw gan rai, ond anodd gwella ar y planhigyn gwreiddiol. Un o'r enwocaf o'r rhywogaethau yw 'Lucifer' sy'n lliw coch tanbaid ac yn tyfu'n dalach na'r cyffredin. Mae'n wir ogoneddus ym morder diwedd yr haf.

Dylai mantell-y-forwyn (*Alchemilla mollis*) fod ym mhob gardd; er nad yw ei sbrigau o flodau melynwyrdd yn drawiadol, mae ganddi'r gallu i wneud i bopeth arall edrych yn well. Mae'r fflurgeinciau'n sychu'n dda hefyd i'r sawl sy'n hoffi gosod blodau sych a bydd torri'r sbrigau cyn iddynt hadu yn rhwystro gormod o hunanhadu, all fod yn niwsans. Mae i'r dail crwn siâp mantell ac maent yn dal diferion dŵr o'u mewn yn ddel iawn. Mae gan lysiau'r meistr (*Astrantia*) hefyd flodau tawel ond mae ffurf ddiddorol y dail a'r blodau'n dwyn

of a friend and before long you will have a prodigious clump with sword-like leaves and orange flowers like *Freesia* arising from it. It spreads rapidly and you will have to control it if it is not to become a weed but I wouldn't be without it. Many varieties that are highly praised by some have been bred but the original is hard to beat. One of the most famous of these is 'Lucifer' that is a fiery red, grows taller and is truly magnificent in the late summer border.

Lady's mantle (*Alchemilla mollis*) should be in every garden; though its yellow-green flower sprays aren't striking it has the ability to enhance everything else. The inflorescences dry well for dried

Alchemilla mollis

Geum var.

cymeriad i'r border ac felly'n talu am ei le. Mae gan y mathau croesryw newydd, fel 'Roma', 'Ruby Wedding' a 'Hapsden Blood', liwiau coch dyfnach na gwyn tawel y math gwreiddiol. Planhigyn arall sy'n llawn cymeriad, ond heb flodau llachar, yw'r mapgoll (*Geum rivale*) ac mae gan hwn hefyd ddail diddorol. Mae'n tyfu ar lannau dyfroedd yn y gwyllt ond fe dyf yn hapus mewn pridd sychach yn fy ngardd i. Mae 'na amryw fathau o *Geum*

flower arrangers and cutting the sprays before they seed prevents too much self-seeding becoming a nuisance. The roundish leaves are mantle-shaped and they hold drops of water prettily within. Masterwort (*Astrantia*) is also a quiet flower but with interesting shapes of leaf and flower bringing character to the border and so worth a place. The hybrid varieties like 'Roma', 'Ruby Wedding' and 'Hapsden Blood' have deeper red flowers

Inula hookeri

Foeniculum vulgare
Leucanthemum x superbum

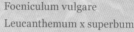

Aster novi-belgii

i'w cael sy'n effeithiol iawn mewn bordori gerddi ond y mapgoll gwreiddiol yw fy ffefryn; mae'n rhoi cymeriad i'r border yn gynnar yn y tymor a hwn sydd wedi goroesi am y cyfnod hiraf. Perthynas agos i'r mapgoll yw'r amryw fathau o *Potentilla* llysieuol ac mae'r rhain hefyd yn addurn effeithiol yn y border, a'u blodau bach fel rhosod bychain yn goch, pinc a melyn. Yn fy mhrofiad i, nid oes iddynt hir oes ond maen nhw'n hadu'n rhwydd mewn corneli annisgwyl, ac felly'n dal ati i roi pleser am amser maith ar ôl eu plannu gyntaf.

Bydd pobl yn aml yn gofyn i mi gymeradwyo planhigion hawdd i'w tyfu ar gyfer eu gardd ond pan awgrymaf rywbeth fel y geirchen-goch neu fantell-y-forwyn cânt eu hwfftio am eu bod yn lledu'n ormodol! Wel, mae'n amhosib ei dal hi bob ffordd! Mae llawer o'r planhigion lluosflwydd rwy'n

than the quiet white of the original. Another plant full of character but with quiet flowers is avens (*Geum rivale*) and this too has interesting leaves. It grows on stream sides in the wild but grows happily in drier soil in my garden. Again, there have been many varieties of *Geum* developed that are very effective in garden borders but the wild one is my favourite to give character to the spring border and has survived longest. Closely related to *Geum* are the various kinds of herbaceous *Potentilla* and these too are an effective ornament in the border with small flowers like little roses in red, pink and yellow. The are not long-lived in my experience but seed easily in unlikely corners, so go on giving pleasure for a long time after being first planted.

People often ask me to recommend plants for their garden that are easy to grow, but when I suggest something like

eu cymeradwyo yn tyfu'n gryf ac yn lledu, ond maent yn ddigon hawdd i'w meistroli heblaw eich bod yn arddwr diog iawn! Eu dycnwch sy'n gyfrifol am eu poblogrwydd yn yr ardd fwthyn. Er enghraifft, mae llygad-y-dydd Shasta (*Leucanthemum x superbum*) yn enfawr o'i gymharu â'r chwyn yn y lawnt, o ran dail a blodau! Mae'n tyfu'n gryf i fod yn dwffyn mawr grymus ac yn sicr o gynhyrchu llawer o flodau llygad-y-dydd mawrion drwy gydol yr haf. Mae 'na fathau dwbl i'w cael, yn ogystal â mathau sy'n tyfu'n is ac felly'n gweddu'n well i flaen y border. Ar ddiwedd y tymor daw sawl rhywogaeth o deulu'r llygad-y-dydd â chyfraniad llachar i'r borderi, fel blodyn Helen (*Helenium*), blodau'r haul lluosflwydd (*Helianthus*) a'r wialen aur (*Solidago*) (melyn ac oren yn bennaf). Yn olaf daw ffarwel haf (*Aster x novii-belgi* etc.), mewn glas a phorffor, a gerir gan bobl, malwod a llwydni! Rhannwch y twffau'n aml a'u hamddiffyn rhag eu gelynion ac fe goronant y flwyddyn

montbretia or lady's mantle they are dismissed as spreading too much! Well, you can't have it both ways! Many of the perennials I recommend are strong growers but easily controlled unless you are a very lazy gardener. Their toughness is the reason for their popularity in the cottage garden. For example, Shasta daisies (*Leucanthemum x superbum*), which are enormous compared with the lawn weed in leaf and flower! They grow strongly into mighty clumps and produce lots of large daisy flowers reliably through the summer. There are double varieties too and shorter varieties more suitable for the front of the border. The end of the season sees many members of the daisy family making an outstanding contribution to the borders, such as *Helenium*, perennial sunflowers (*Helianthus*) and golden rod (*Solidago*) (yellow and orange mostly). Lastly come Michaelmas daisies (*Aster x novii-belgi* etc.) in blue and purple, much loved by people, slugs and mildew!

Helenium var.

Centaurea montana

arddio â'u harddwch. Rhaid eich rhybuddio fod malwod yn hoff iawn o bob aelod o'r teulu hwn, ac ychydig sy'n gallu goroesi eu sylw am sawl tymor. Mae hyd yn oed y benlas (*Centaurea montana*), sy'n hyfryd ym Mehefin yng ngardd fy mam, ac yn draddodiadol mewn gardd fwthyn, yn stribedi sâl yn fy ngardd i er pob ymdrech i'w hamddiffyn. Ond goroesi wna llygad-y-dydd Shasta, a hefyd *Inula hookeri,* math o lygad-y-dydd melyn â dail gwlanog nad yw'r malwod yn ei hoffi; hwn yw'r un sy'n rhoi'r melyn traddodiadol i'm borderi ar ddiwedd yr haf. Mae hefyd yn hapus mewn ychydig o gysgod pan fo gweddill ei rywogaeth yn hawlio lle yn yr haul. Mae'n perthyn yn agos i'r farchalan (*Inula helenium*) sef un o'r llysiau meddygol a dyfwyd gan fynachod gynt, ond cawr o blanhigyn yw hwnnw; mae maint *Inula hookeri* yn fwy addas ar gyfer border cyffredin.

Planhigyn arall sy'n lledu ac sy'n cael ei ddirmygu gan y crach yw llysiau'r milwr melyn (*Lysimachia punctata*), a'i sbrigau tal disglair yn goleuo canol y border a'r bylchau rhwng y llwyni. Mae'n wir ei fod yn gyffredin, ond os yw'n ddigon da i'w ganmol gan arddwraig fel Anne Scott-James, mae'n ddigon da i mi. Daeth fy mhlanhigyn i o ardd diweddar gyfaill annwyl (y traddodiad bythynnol eto) ac mae'n goffa serchus ohono i mi bob blwyddyn. Nid yw llysiau'r milwr coch (*Lythrum salicaria*) yn perthyn i'r

Divide the clumps often and protect them from their enemies and they will crown the year with glory. I must warn you that slugs and snails are very fond of members of this family and few can survive their attention for many seasons. Even perennial cornflower (*Centaurea montana*) which is lovely in June in my mother's garden, and a traditional cottage garden plant, becomes sorry tatters in my garden despite every attempt to protect it. But Shasta daisies survive, as does *Inula hookeri*, a kind of yellow daisy that has woolly leaves the molluscs don't like; this is what provides the traditional yellow in my late summer border. It is also happy with some shade, whereas the others of the daisy kind demand full sun. It is a close relative of Elecampane, one of the medicinal herbs formerly grown by monks, but that is a monster; *Inula hookeri* is of a much more appropriate size for the border.

Yellow loosestrife (*Lysimachia punctata*) is another spreader despised by the toffs, whose tall spikes light up the middle of the border and gaps between shrubs. True, it is common, but if it is good enough to be praised by a gardener like Anne Scott-James it's good enough for me. Mine came from the garden of a dear friend now dead (in cottage tradition) and it is a happy reminder of him every year. Purple loosestrife (*Lythrum salicaria*) isn't

Lysimachia punctata

Lythrum salicaria

un melyn o gwbl, ac mae'n tyfu'n dalach o lawer, ond mae ganddo sbrigau fertigol tebyg mewn lliw coch-borffor; mae'n gynhenid i'n gwlad ni ac yn tyfu ar dir gwlyb yn ei gynefin ond gall addasu'n rhwydd i bridd gardd cyffredin. Planhigion eraill sy'n cyfrannu strwythur fertigol yn effeithiol i gefn y borderi yw rhywogaethau llysiau Llewelyn fel *Veronicastrum virginicum* a *Veronica spicata*; mae ganddynt sbrigau o flodau bychain, gan amlaf yn las, pinc neu wyn. Mae'n syniad da eu tyfu mewn cyferbyniad â phlanhigion tal eraill a chanddynt fflurgeinciau siâp gwahanol. Rwy'n tyfu *Veronicastrum virginicum album* nesaf i fflurgeinciau mwy gwastad *Eupatorium purpureum*; mae'r planhigyn mwy diweddar hwn yn perthyn yn agos i'r byddon chwerw cynhenid ond bod gwell lliw coch-borffor ar ei flodau. Mae'r *Veronicastrum* a'r *Eupatorium purpureum* yn dod o beithiau Gogledd America.

Mae sebonllys (*Saponaria officinalis*) yn flodyn gwyllt sy'n aml yn tyfu mewn

related at all to the yellow and it grows much taller, but it has the same sort of vertical spikes of red-purple; it is native and grows wild on wet ground but adapts easily to ordinary garden soil. Other plants that contribute well to the vertical structure at the back of the border are the speedwell tribe like *Veronicastrum virginicum* and *Veronica spicata*; they have spikes of small flowers, usually blue, pink or white. It is good to grow them in contrast to other tall plants that have a different shaped inflorescence. I grow *Veronicastrum virginicum album* next to the flatter inflorescences of *Eupatorium purpureum*; this later plant is closely related to the native hemp agrimony but its flowers have a better red-purple colour. Both the *Veronicastrum* and the *Eupatorium* come from the North American prairies.

Soapwort (*Saponaria officinalis*) is a wild flower, often growing in hedgebanks where there once was a cottage; it seems to have been grown in cottages a long

perthi lle bu bwthyn ar un adeg; mae'n debyg felly iddo gael ei dyfu yng ngerddi bythynnod amser maith yn ôl. Fel yr awgryma'r enw, gall y dail gynhyrchu trochion, a defnyddir y llysieuyn hwn o hyd i olchi defnydd bregus. Rwy'n cyfaddef ei fod yn gallu bod yn niwsans oherwydd ei arfer o ymddangos ynghanol twffau o flodau eraill bellter o'r man gwreiddiol, ond mae'n werth ei oddef er mwyn y llwyth o flodau pinc ffres ar ddiwedd Awst wrth iddi droi'n hydref. Nid yw'n ffynnu o'i gyfyngu, nac mewn cysgod chwaith, felly rhowch le iddo yn yr haul a goddefwch ei grwydriadau.

time ago. As the name suggests, the leaves can produce a lather and this herb is still used to wash fragile fabric. I admit it can be a nuisance as it has a habit of turning up in the middle of other flower clumps a distance away from its original place, but it is worth tolerating for its fresh, pink flowers at the end of August as it turns to autumn. It doesn't thrive if contained, or in shade either, so give it a place in the sun and tolerate its wanderings. Soapwort is one of the plants that respond well to the 'Chelsea chop'. At the end of May (the time of the famous flower show) cut back the leading

Phlox var.

Mae sebonllys yn un o'r planhigion sy'n ymateb yn dda i 'dociad Chelsea'. Ar ddiwedd mis Mai (amser y sioe flodau enwog) tociwch flaenau'r sbrigau; mae hyn yn gohirio'r blodeuo ac yn creu twffau is a mwy trwchus.

Mae llyfrau garddio'n llawn o rybuddion am fflocs (*Phlox*) hefyd; mae'n debyg eu bod yn gwywo a marw os nad yw'r pridd yn wlyb a maethlon. Dylid eu difa ar unwaith os oes ôl llyngyren llysiau (dail a choesau cam) arnynt. Wel, cefais wreiddyn gan fy mhennaeth adran cyntaf flynyddoedd yn ôl ac mae'n dal i fynd o nerth i nerth yn fy mhridd ysgafn, sych; nid yw'r dail cam achlysurol wedi ei wanhau eto. Mae epil y twffyn hwn yn addurno nifer fawr o erddi fy ngheraint hefyd erbyn hyn. Ewch ati i ddewis eich fflocs, mae'n werth y fenter. Lliw pinc trawiadol sydd gennyf i, ond mae gwyn a phorffor yn hyfryd hefyd. Prynwch nhw pan ydynt yn eu blodau os yw'n bosib, gan fod lliwiau rhai yn biws merfaidd. Anfonais ddarn o'm fflocsen binc at yr RHS yn Wisley ond ni allent roi enw'r math i mi; wedyn darllenais Christopher Lloyd yn dweud fod gennym ni'r garddwyr traddodiadol i gyd fflocs yn ein gerddi na wyddom eu henwau gan eu bod wedi cael eu rhannu o law i law rhyngom am genedlaethau – traddodiad tyddynnol eto!

Mae glas a phorffor yn lliwiau deniadol mewn unrhyw ardd. Maent yn helpu creu naws darthog, ramantus

shoots; this delays flowering and creates lower, more bushy clumps.

Gardening books are full of warnings about *Phlox* too. Apparently they wilt and die if the soil is not fertile and moist and should be destroyed at once if they shown signs of nematode infection (twisted leaves and stems). Well, I had a root from my first head-of-department many years ago and it continues to go from strength to strength in my light, dry soil, and the occasional twisted leaves have not weakened it yet. This plant adorns a large number of my loved ones' gardens too by now. Go ahead and choose your *Phlox*, it's worth the risk. Mine is shocking pink, but white and purple are lovely too. Buy them in flower if possible as the colours of some are an insipid puce. I sent a piece of my pink *Phlox* to the RHS in Wisley but they couldn't put a name to the variety; then I read Christopher Lloyd saying that all we traditional gardeners have *Phlox* in our gardens that we don't know the names of because they have been handed down between us through the generations – the cottage garden tradition again!

Blue and purple are attractive colours in any garden. They help create a misty, romantic atmosphere and disappear as it were into the distance extending the vista. In the cottage garden, catmint (*Nepeta*) and bellflowers (*Campanula*) come to the fore to do this. I have grown

Nepeta x faasenii

Campanula lactiflora

ac yn diflannu fel petai i'r pellter gan ymestyn yr olygfa. Yn yr ardd fwthyn mae mintys-y-gath (*Nepeta*) a blodau'r clychau (*Campanula*) ar y blaen wrth wneud hyn. Rwyf wedi tyfu'r ddau ac yn hoff iawn ohonynt ond fe'u collwyd o'r ardd erbyn hyn. Nid ydynt yn anodd eu tyfu – yn wir, maent yn blanhigion cryf, hawdd. Y drafferth gyda'r clychau yw bod yr holl rywogaethau'n fwyd deniadol i'r malwod! Aethant felly yr un ffordd â throed-yr-ehedydd a danteithion eraill y pla cragennog! Mae rhai rhywogaethau'n goddef cysgod, fel y clychlys-y-coed (*Campanula trachelium*) cynhenid, ond gwell gan y mwyafrif le yn yr haul. Glas, porffor neu wyn yw'r clychau, sy'n codi'n shrigau godidog o'r border; mae'n werth mentro eu tyfu bob un. Mae enw'r llall yn cyfeirio at y broblem – bydd cathod yn ffoli ar fintys-y-gath i'r fath raddau nes eu bod yn rholio ynddo ac yn ei rwystro rhag tyfu! Mae'n addurn godidog gyda'i ddail llwydwyrdd, persawrus a'i flodau glas, felly os oes gennych le yn yr haul iddo, gwarchodwch ef â brigau pigog neu rwydwifren nes ei fod yn ddigon cydnerth i wrthsefyll sylw'r cathod.

Mae pig-yr-aran (*Geranium*) a'i holl rywogaethau ymhlith y planhigion mwyaf defnyddiol, dymunol a delfrydol o holl blanhigion lluosflwydd yr ardd, boed yn ardd fwthyn neu'n ardd fonedd. Canmolir hwy gan arddwyr proffesiynol ac amatur. Mae ganddynt ddeiliant

both and love them but they have been lost from the garden by now. They are not difficult to grow, indeed they are strong, easy plants. The trouble with bellflowers is that all species are attractive as food to molluscs! They went the same way therefore as delphiniums and other delicacies favoured by the shelled pests. Some species like the native nettle-leaved bellflower (*Campanula trachelium*) tolerate shade but the majority prefer sun. The bells are blue, purple or white that rise as splendid spires out of the border, worth trying every one. The other's name indicates the problem, cats go crazy about catmint! They rolled on it so much that they prevented it growing with me. It is a wonderful ornament with its aromatic, grey-green foliage and blue flowers, so if you have a sunny spot for it, protect it with spiky branches or wire until it is a robust enough plant to withstand the attention of the cats.

Cranesbills (*Geranium*) in all their kinds are one of the most useful, desirable and attractive plants of all the perennials in a garden, be it a cottage or a manor house. They are universally praised by gardeners, both professional and amateur. They have lovely, aromatic foliage that is good ground cover, and lovely simple, unsophisticated flowers in pink and white and blue. Every kind is worth growing. I am very fond

Geranium *Johnson's Blue*

G. pratense alba

G. x magnificum

dymunol, persawrus sy'n gorchuddio'r ddaear, a blodau syml, ansoffistigedig, hyfryd, yn binc a gwyn a glas. Mae pob math yn werth ei dyfu. Rwy'n hoff iawn o *Geranium x magnificum* a'i flodau glas â gwythiennau porffor ond byr yw ei ogoniant; dim ond pythefnos o flodau ym mis Mehefin. Gwell efallai yw'r enwog 'Johnson's Blue' neu *Geranium himalayense* sydd â thymor mwy estynedig o flodau, ond nid yw ei sioe mor ysblennydd. Rwy'n tyfu'r nodedig 'Roxanne' ar hyn o bryd, y math a bleidleisiwyd yn hoff blanhigyn yr RHS yn ddiweddar. Mae ganddo flodau mawr glas a chanol gwyn sy'n cael eu cynhyrchu'n gyson o Fehefin ymlaen. Dywed rhai ei fod yn dyfwr rhy remp ond hyd yn hyn mae'n plesio'n fawr. Os gwyn yw eich dymuniad, cymeradwyaf

of *Geranium x magnificum* with its purple-veined blue flowers but its glory is short-lived – only a fortnight of flowers in June. Better perhaps the famous 'Johnson's Blue' or *Geranium himalayense* with longer flowering seasons if a long spectacular display. At present I am growing the celebrated 'Roxanne' that was voted the favourite plant of the RHS recently. She has large blue flowers with a white centre produced from June onwards. Some say she is too rampant a grower but so far she has pleased me well. If you want white flowers, I recommend *Geranium* Kashmir White or *Geranium pratense alba*, the first low growing, about a foot high, the other a yard tall. *Geranium x oxonianum* is a very common kind, because it is such a strong, trouble-free

G. psilostemon

G. wlassovianum

G. himalayense

Geranium Kashmir White neu *Geranium pratense alba*, y cyntaf yn isel, rhyw droedfedd o uchder, a'r llall cyn daled â llathen. Math cyffredin iawn am ei fod yn dyfwr cryf, didrafferth o doriadau bychain yw *Geranium x oxonianum* sydd wedi'i orchuddio â blodau pinc o fis Mehefin tan yr hydref. Mae rhai'n annog ei dorri'n ôl yn llym ar ôl y llawnder blodau cyntaf er mwyn cael llawnder arall yn ddiweddarach, ond heblaw am docio'r blodau marw, nid wyf wedi gweld fod eisiau gwneud hyn. Mae *Geranium psilostemon* ymysg y gorau o'r rhywogaeth, yn blanhigyn tal â blodau o liw coch majenta a llygad ddu iddynt, ond nid yw'n blodeuo cyhyd â *G. x oxonianum* nac yn ailflodeuo wedi'i docio'n ôl. Mae rhywogaeth gymharol newydd, sef 'Patricia', yn ailflodeuo ac mae ei flodau lawn cystal, ond nid yw'n eu cynhyrchu mor hael. Dydw i ddim yn hoff o 'Ann Folkard' am fod *magenta*'r blodau'n gwrthdaro'n anffodus â lliw gwyrdd y dail. Mae gan rai megis *Geranium macrorrhizum* a *G. wlassovianum*, ddail sy'n lliwio'n hyfryd yn yr hydref ac mae'r ail yn blodeuo'n las yn hwyrach yn yr haf hefyd (ym Mehefin y bydd y mwyafrif ar eu gorau). Mae pob math o big-yr-aran yn tyfu'n ddidrafferth; maent yn rhydd o blâu ac *nid yw'r malwod yn eu hoffi*! Hwrê! Dyma blanhigion rhagorol na fyddwn hebddynt; tyfwch bob un y gallwch gael gafael arnynt!

grower from small pieces and is covered with pink flowers from June to October. We are encouraged to cut it back hard after the first flush of flowers to get a repeat flush later, but apart from cutting away dead flowers I have not found this necessary. *Geranium psilostemon* is amongst the best of its kind, a tall plant with magenta flowers with a black eye but it doesn't flower as long as *Geranium x oxonianum* or give a second flush if cut back. 'Patricia' is a comparatively new variety that does flower again with flowers as good but not produced quite as generously. I don't like 'Ann Folkard' as its magenta flowers clash unfortunately with the lime-green leaves. Some, such as *Geranium macrorrhizum* and *G. wlassovianum,* have leaves that colour nicely in autumn. The second of these also has blue flowers late in the summer (most are at their peak in June). All kinds of cranesbills grow without any difficulty, are free of pests, *and slugs and snails don't like them*! Hurrah! Excellent plants I couldn't be without; grow every one you can get your hands on!

I am very fond of knotweeds (*Persicaria*) though they have a bad image because they are such rampant growers. Japanese knotweed (*Fallopia japonica*) was first introduced as an ornamental plant but it is now a serious pest country-wide; don't let it anywhere near your garden. The native

Rwy'n hoff iawn o'r clymogion (*Persicaria*) er bod ganddynt ddelwedd wael am eu bod yn tyfu mor rhemp. Cyflwynwyd clymog Siapan (*Fallopia japonica*) yn gyntaf fel planhigyn addurniadol ond mae'n bla difrifol drwy'r wlad bellach. Peidiwch â'i adael yn agos at eich gardd! Mae'r clymog cynhenid, llys-y-neidr (*Persicaria bistorta*), yn creu twffyn taclus o ddail tafol a phroceri pinc tew yn codi ohono yn y gwanwyn. Gwell ganddo bridd llaith ond mae'n tyfu'n iawn mewn pridd cyffredin hefyd. Mae *Persicaria amplexicaulis* (chwith) yn blanhigyn grymus ar gyfer cefn y border ac mae'n goddef tipyn o gysgod hefyd. Un arall ar gyfer diwedd yr haf ydyw, ac iddo broceri mwy main o liw coch tywyll; mae 'Firetail' yn fath cyffredin, a'r enw'n disgrifio'r blodau i'r dim. Rhaid bod yn wyliadwrus rhag iddo dagu planhigion llai ond mae'n rhwydd i'w ddisgyblu drwy rannu'r gwreiddgyff pan fydd y tyfiant yn marw'n ôl i'r ddaear yn yr hydref. Ar gyfer ymyl y border mae *Persicaria affine* yn gweddu; proceri pinc bach y tro hwn sy'n troi'n goch cyfoethog wrth aeddfedu. Mae'i dyfiant yn isel ar hyd y ddaear ac mae'r dail yn lliwio'n dda yn yr hydref. Dyma blanhigyn a chanddo dymor hir o ddiddordeb felly.

Un o'r gorau i goroni diwedd y tymor yw'r friweg fawr (*Sedum spectabile*). Ceir llawer o fathau o friweg sy'n addas i erddi cerrig neu flaen y border, ond

bistort (*Persicaria bistorta*) makes tidy clumps of 'dock' leaves with fat, pink pokers of flowers arising from it in late spring. It prefers moist soil but grows fine in ordinary soil too. *Persicaria amplexicaulis (left)* is an imposing plant for the back of the border which tolerates some shade. This is another one for late summer with finger pokers of a dark red colour; 'Firetail' is a common variety and the name describes the flowers. You must watch that it doesn't overwhelm smaller plants but it is easy to control by dividing the rhizomes when growth dies back in autumn. For the edge of the border, *Persicaria affine* is suitable; little pink pokers this time that turn rich red as they mature. It grows low along the ground and the leaves colour well in autumn. Thus, it has a long season of interest.

Ice plant (*Sedum spectabile*) is one of the best to crown the end of the season. There are lots of *Sedum* suitable for rock gardens or the front of the border but this one is a more substantial plant. It has grey-green, succulent leaves characteristic of its stonecrop family and the clumps make a good and significant contribution to the border as they develop through the season. But at the end of the season, as summer turns to autumn, they are covered with pink umbrella-like flower-heads. The flowers attract the autumn butterflies as well as

Sedum spectabile

mae'r planhigyn hwn yn llawer mwy cydnerth. Mae ganddo ddail llwydwyrdd, suddlon sy'n nodweddiadol o deulu'r friweg ac mae'r twffau'n gwneud cyfraniad da ac amlwg i'r borderi wrth iddynt ddatblygu drwy'r tymor. Ond tua diwedd y tymor, wrth i'r haf droi'n hydref, cânt eu gorchuddio â phennau blodau siâp ymbarél lliw pinc. Mae'r blodau'n denu pilipala'r hydref cystal ag y gwna'r *Buddleia*. Wrth i'r pennau blodau aeddfedu maent yn troi'n frown ac yn para drwy'r gaeaf gan roi strwythur i'r borderi. Dyma blanhigion digon cryf, ond gwell eu rhannu o bryd i'w gilydd rhag i'r twffau ddymchwel; bydd larfa gwiddon yn bwyta'r gwreiddiau ambell dro.

Buddleia does. As the flower-heads ripen they turn brown and persist through the winter, lending structure to the borders. They are vigorous enough plants but it's best to divide them now and then to prevent the clumps falling apart. Weevil larvae will sometimes eat the roots.

Rhywogaeth arall sy'n addurn da i forder diwedd haf a'r hydref yw blodau gwynt Siapan (*Anemone x hybrida*). Dyma blanhigion tal ar gyfer cefn neu ganol y border, sy'n goddef peth cysgod. Gallant fod yn anodd i'w sefydlu, ond unwaith maen nhw'n hapus, tyfant yn gryf. Mae ganddynt gymeriad hollol wahanol i gormau blodau'r gwynt (*Anemone coronaria*) a geir yn y gwanwyn, gan eu bod yn fwy o blanhigyn, â dail fel cledr llaw fawr a sbrigau ysgafn o flodau mawr syml pinc neu wyn. Maent yn hanfodol i ymestyn tymor y border. Yn yr un modd, mae gan

Japanese anemones (*Anemone x hybrida*) are another kind that decorates the late summer and autumn border well. These are tall plants for the back or middle of the border that tolerate some shade. They can be difficult to establish but once they are happy they are strong growers. They have an entirely different character from the spring corm anemones (*Anemone coronaria*), being much bigger plants with large palmate leaves and light sprays of large simple flowers in pink or white. They are essential for extending the border's season. Similarly, the perennial oriental

Dicentra formosa

Helleborus argutifolius

babi'r dwyrain lluosflwydd (*Papaver orientalis*) gymeriad hollol wahanol i'r mathau unflwydd, ac yn blanhigyn brasach o lawer. Mae'r blodau mawr llachar yn drawiadol iawn ond dim ond unwaith y blodeuant, a hynny am fyr amser ar ddechrau'r haf. Maent yn marw'n ôl yn hyll iawn, felly rhaid eu hamgylchynu â phlanhigion hwyrach a fydd yn tyfu i fyny i guddio'u cywilydd!

Ar ddechrau'r flwyddyn, cawn ddagrau'r Iesu (*Dicentra*) â dail fel rhedyn a blodau fel loced ar hyd y coesau delicet. Edrych yn fregus y maen nhw, ond maent yn dyfwyr cryf, dibynadwy. Gwell gan y crach *Dicentra spectabilis* (a elwir bellach yn *Lamprocapnos spectabilis*) sy'n gynnar iawn, ac iddo loced deuliw pinc a gwyn, neu wyn yn unig, yn tyfu'n dal – cymaint â dwy droedfedd ar y mwyaf. Rhyw hanner ei faint yw *Dicentra formosa*, sy'n llai tebyg o gael ei niweidio gan rew, yn tyfu'n fwy cydnerth ac yn parhau i flodeuo o Ebrill i Fehefin. Ni allaf ei gymeradwyo digon. Gall dagrau'r Iesu oddef tipyn o gysgod, gyda llaw; planhigion y goedwig ydynt yn wreiddiol. Mae troed-yr-arth (*Helleborus*) yn cael eu canmol yn ormodol yn fy marn i. Gwir bod dail bythwyrdd da ganddynt, a gwir eu bod yn blodeuo'n gynnar iawn pan nad oes llawer i'w weld yn yr ardd, ond nid yw lliwiau merfaidd pinc a phiws y blodau'n sefyll allan yn dda yn nhywyllwch gaeafol

poppies (*Papaver orientalis*) have a different character from the annual kinds, being much coarser plants. Their large spectacular flowers are very striking but they only flower once briefly in early summer. They die back untidily, so they must be surrounded by later plants that will grow up and hide their shame.

Back at the beginning of the year we get bleeding heart (*Dicentra*) with ferny leaves and locket-like flowers along the stems. They look delicate but grow strongly and reliably. The snobbish prefer *Dicentra spectabilis* (now known as *Lamprocapnos spectabilis*) that flowers very early with lockets of pink and white, or only white, and grows tall to about two feet at the most. About half this size is *Dicentra formosa*, that is less likely to be damaged by frost, grows more vigorously and flowers from April to June. I cannot recommend it too much. Bleeding heart tolerates some shade, by the way, as it is originally a woodland plant. Hellebores (*Helleborus*) are excessively praised in my opinion. It is true they have attractive evergreen leaves, and they flower early when there is not much else to see in the garden, but the insipid pink and mauve of the flowers do not stand out well in the winter gloom and the flowers hang down so that their most attractive details are not seen. I think the green-flowered varieties

yr ardd ac maen nhw'n hongian wyneb i waered fel na ellir gweld manylion pert y blodau. Y rhai â blodau gwyrdd fel *Helleborus foetidus* a *H. argutifolius* sy'n gwneud y sioe orau yn fy marn i.

Blodau sy'n dychwelyd i ffasiwn yw'r *Astilbe,* ar ôl cael eu hystyried yn henffasiwn am amser maith. Cawsant eu tyfu mewn gerddi bwthyn erioed ac mae ganddynt fflurgeinciau o flodau pitw sy'n gwneud sbrigau trionglog coch, pinc a gwyn. Mae eisiau pridd llaith ar y rhain hefyd yn ôl y ddoethineb gyffredin, ond tyfant yn ddidrafferth mewn gerddi bwthyn yn aml. I sicrhau eu bod yn sefydlu'n dda mewn pridd cyffredin,

give the best show, such as *Helleborus foetidus* and *H. argutifolius.*

Astilbes are flowers coming back into fashion having been considered old-fashioned for a long time. They have always been grown in cottage gardens and they have inflorescences of tiny flowers making triangular spikes in red, pink and white. These are said to need moist soil too, yet they often grow without difficulty in cottage gardens. To ensure they establish well in ordinary soil, mix some of the water-retaining granules sold for hanging baskets into the soil beneath them. This will conserve water around them until their roots can penetrate

Astilbe *Fanal*

Phalaris arudinacea Picta

cymysgwch rai o'r crisialau y gellir eu prynu i ddal dŵr mewn basgedi crog, drwy'r pridd oddi tanynt. Bydd hyn yn cadw'r lleithder o'u hamgylch nes bod eu gwreiddiau'n treiddio'n ddyfnach. Yn ogystal â blodau henffasiwn cain ar gyfer blaen y border, mae gan yr *Astilbe* ddail prydferth hefyd, a da o beth yw tyfu planhigion sy'n gallu cyfrannu mewn sawl ffordd i harddwch a strwythur yr ardd.

Mae glaswelltiau o bob math wedi dod yn boblogaidd mewn gerddi'n ddiweddar a gallant fod yn effeithiol iawn. Ond nid planhigion gardd fwthyn mohonynt, ac eithrio rhubanau'r bechgyn (*Phalaris arudinacea* Picta), felly peidiwch â'u defnyddio'n ormodol os ydych am greu naws gardd fwthyn draddodiadol. Rhaid cofio am y rhedyn hefyd; er nad ydyn nhw chwaith yn draddodiadol mewn gardd fwthyn, gan eu bod yn boblogaidd yn oes Fictoria ac yn annatod gysylltiedig â'r cyfnod hwnnw, maent yn creu naws henffasiwn effeithiol. Hefyd, wrth gwrs, mae'r mathau cynhenid wedi ymgartrefu'n dda ar waliau a chloddiau'r bwthyn; mae tafod-yr-hydd (*Asplenium scolopendrium*), er enghraifft, yn hollol briodol mewn gardd fwthyn. Yn ogystal, mae rhedyn yn werthfawr mewn unrhyw ardd gan eu bod yn ffynnu mewn cysgodleoedd ac mae nifer o fathau addurniadol ar gael. Mae gennyf gasgliad

deeper. As well as elegant, old-fashioned flowers for the front of the border, Astilbe also has pretty leaves and it is good to grow plants that contribute in several ways to the beauty and structure of the garden.

Anthyrium nipponicum

Various kinds of grasses have become popular in gardens recently and they can be very effective. However, they are not cottage garden plants with the exception of gardener's gaiters (*Phalaris arudinacea* Picta) so don't use them excessively if you want to create a cottage garden atmosphere. We mustn't forget ferns; again they are not traditional in cottage gardens, but as they became popular in, and are associated with, the Victorian

ohonynt yn tyfu mewn potiau yng nghysgod yr iard ar ochr fy nhŷ teras.

Wrth gynllunio'r border, ceisiwch feddwl am y strwythur, gyda'r planhigion talaf yn y cefn a'r rhai is tua'r blaen. Ond does dim eisiau bod yn rhy gyfyng. Ambell waith, hap a damwain yr hunanhadu, neu rywbeth fertigol yn codi o'r gwastad sy'n rhoi cymeriad a swyn i'r peth. Meddyliwch hefyd am ffurf y planhigion, am gyferbynnu dail glaswelltog â rhai rhedynog efallai. Dull y tyddynnwr oedd rhannu planhigion mawr yn rheolaidd a stwffio'r darnau i unrhyw gornel wag. Os gwnewch rywbeth sy'n gamsyniad yn eich golwg chi, mae'n ddigon hawdd codi a symud y rhan fwyaf o blanhigion lluosflwydd, ond i chi ofalu eu dyfrhau'n ddigonol nes iddynt sefydlu. Mae mathau di-rif o'r planhigion hyn ar gael heddiw, mewn siopau a chanolfannau garddio, sy'n addas ac yn werth rhoi cynnig arnynt mewn gardd fwthyn, ond pan feddyliaf am y rhai mwyaf cyson lwyddiannus yn fy ngardd i, y rhai a ddaeth fel tamaid neu wreiddyn o erddi cyfeillion yw'r gorau. Felly y bu hi yn yr ardd fwthyn erioed.

era, they can effectively lend an old-fashioned air. Also, of course, the native species have naturalised well on cottage walls and hedgerows; hart's tongue (*Asplenium scolopendrium*), for example, is entirely appropriate in a cottage garden. In addition, ferns are valuable in any garden as they thrive in shade and many decorative varieties are available. I have a collection of them in pots in the yard at the side of my terraced house.

When designing the border try to think of structure with taller plants at the back and shorter ones in front. But don't be too prescriptive. Sometimes accidental self-seeding or something arising vertically from the horizontal give character and charm to the thing. Think too about the structure of the plants, contrasting grassy leaves with ferny ones perhaps. The cottager's way was to divide large plants regularly and stuff pieces into any available gaps. If you make a mistake in your eyes it is easy enough to move most perennials as long as you water them sufficiently until they establish. There are countless kinds of these plants available today in shops and garden centres that are appropriate and worth trying in a cottage garden, but when I think about the most consistently successful plants in my garden, those that came as pieces or roots from other people's gardens are the best. So it ever was in the cottage garden.

Papaver orientalis

Pennod 8

Planhigion Eilflwydd
(a phlanhigion lluosflwydd sy'n hunanhadu)

Mae planhigion eilflwydd yn cymryd dwy flynedd i gwblhau cylchdro'u bywyd. Maent yn cael eu hau, fel arfer yng nghanol haf y flwyddyn gyntaf, yn treulio'r gaeaf fel torch llystyfol o ddail a thapwreiddyn, yn barod i flodeuo, yn hadu ac yn marw yn yr ail flwyddyn. Mae blodau Mam-gu (*Cheiranthus chieri*), bysedd-y-cŵn (*Digitalis purpurea*) a phenigan barfog (*Dianthus barbatus*) yn enghreifftiau o blanhigion eilflwydd ac yn ffefrynnau'r ardd fwthyn. I ddweud y gwir mae'r tri yn gallu goroesi'n lluosflwydd o dan rai amodau, ond i gael planhigion o ansawdd ac arddangosfa

Chapter 8

Biennials
(and self-seeding perennials)

Biennials take two years to complete their lifecycle. They are sown, usually in the middle of the summer, in the first year, spend the winter as a rosette of vegetative leaves and a tap root, ready to flower, set seed and die in the second year. Wallflowers (*Cheiranthus chieri*), foxgloves (*Digitalis purpurea*) and sweet William (*Dianthus barbatus*) are examples of biennials that are cottage garden favourites. All three can survive as perennials under certain conditions but in order to get plants of quality and a good display they are best treated as biennials.

dda gwell yw eu trin fel planhigion eilflwydd.

Mae'r penigan barfog (*Dianthus barbatus*) (y ddau lun gyferbyn) yn mynd yn brennog ac yn dirywio ar ôl yr ail flwyddyn ond gall oroesi wrth hunanhadu o gwmpas yr ardd. Mae'n adnabyddus am ei arogl hyfryd a'i liwiau deniadol – yn wyn, pinc, pob math o goch a phorffor, a phob cyfuniad o'r rhain.

Mae blodau Mam-gu (*Cheiranthus chieri*) (chwith, isod) yn enwog am eu lliw yn gynnar yn y flwyddyn ac am eu harogl melys. Mae'r blodyn gwyllt sydd wedi cynefino ar hen furiau yn oren-felyn ond mae'r amrywiaeth o liwiau a geir ym mlodau'r ardd – coch, porffor, melyn, oren, browngoch – i gyd yn addas ar gyfer gardd fwthyn ac yn gwrthgyferbynnu'n effeithiol â'r bylbiau sy'n blodeuo tua'r un adeg (gweler pennod 12). Roedd gan ffrind batio yng nghanol Castell-nedd ble roedd blodau Mam-gu wedi cartrefu yn yr holltau rhwng y cerrig palmant a briciau'r waliau, yn ddel i'w ryfeddu.
Fel pob planhigyn eilflwydd gellir eu codi o hadau yn yr haf blaenorol ond mae'n bosib hefyd prynu bwndeli o blanhigion yn rhesymol rad mewn marchnad neu o ganolfan arddio a'u plannu yn yr hydref. Er eu bod yn edrych braidd yn llipa yn y bwndeli, maent yn sefydlu'n dda cyn i'r gaeaf frathu ac yn rhoi canlyniadau da erbyn y gwanwyn.

Sweet William (*Dianthus barbatus*) (two top images opposite) becomes woody and declines after the second year but it can survive by seeding around. It is known for its lovely smell and attractive colours in white, pink, all kinds of red and purple and combinations of these.

Wallflowers (*Cheiranthus chieri*) (left, bottom) are famous for their colour early in the year and their sweet smell. The wild flower that has naturalised on old walls is orange-yellow but the variety of colour found in garden plants – red, purple, yellow, orange, tawny – are all suitable for a cottage garden and contrast effectively with the bulbs that flower at the same time (see chapter 12). A friend of mine had a patio in the centre of Neath where wallflowers had colonised the joints between the paving stones and the bricks of the wall and very pretty they looked too. Like all biennials, they can be raised from seed in the previous year but it is also possible to buy bundles of plants fairly cheaply in markets or garden centres that can be planted out the previous autumn. Though they look rather uninspiring in the bundles they establish well before the worst of winter and give good results by the spring.

Mae bysedd-y-cŵn (*Digitalis purpurea*) chwith, yn blanhigion cynhenid sy'n ffynnu yn y rhan fwyaf o sefyllfaoedd, gan gynnwys cysgod. Cawsant eu cysylltu â meddyginiaeth ers canrifoedd. Gall y sbrigyn blodau dyfu i chwe throedfedd, er ei fod yn fyrrach gan amlaf, gan roi elfen fertigol hyfryd i ardd Mehefin a Gorffennaf. Os ydych am sefydlu clwstwr ohonynt bydd yn rhaid hau hadau ddwy flynedd yn olynol a gadael iddynt hunanhadu er mwyn cael dilyniant o flodau. Bydd yn rhaid dysgu adnabod yr eginblanhigion hefyd, a'u gwarchod, a'u symud i leoliadau mwy addas yn yr hydref os bydd angen. Codwyd llawer o fathau pert mewn gerddi ac arnynt ysbrigau mewn lliwiau meddal ac addurniadol, ond mae'n anodd gwella ar liw, tegwch a swyn y blodyn gwyllt gwreiddiol.

Foxgloves (*Digitalis purpurea*) left, are native plants that thrive in most situations including shade. They have been associated with medicine for centuries. The flower spike can rise to six foot, but usually less, and gives a lovely vertical element to the garden in June and July. If you wish to establish a colony of them you will have to sow seed in two consecutive years and let them seed about to have a succession of flowers. Learn to recognise the seedlings so that you can nurture them and move them to more suitable places in the autumn if necessary. Many pretty varieties have been raised in gardens, with ornamental spikes of soft colours, but it is hard to beat the colour, beauty and charm of the original wild flower.

Lunaria annua

Dylid defnyddio'r un dechneg i dyfu'r ffefryn eilflwydd henffasiwn arall, sef y geiniog arian (*Lunaria annua*). Mae'r enw'n dod o'r hadlestri gwastad sy'n sychu yn y man ac yn diosg eu hadau i adael 'ceiniogau arian'. Pan fydd y rhain yn fach a gwyrdd gallant fod yn fwyd i lindys boneddiges-y-wig (*Anthocharis cardamines*) ond gwell o lawer ganddynt ffrwythau llaeth-y-gaseg (*Cardamine pratensis*) neu arlleg-y-berth (*Alliaria petiolata*). Mae'r geiniog arian yn blodeuo yng ngwanwyn yr ail flwyddyn, yn goch, porffor, neu wyn, ac maent yn parhau yn eu blodau i gydweddu'n dda â glas clychau'r gog.

Mae'r hocys (*Alcea rosea*) yn blanhigyn lluosflwydd nodweddiadol o ardd fwthyn sy'n elwa o'i drin fel planhigyn eilflwydd er mwyn osgoi'r pla rhwd sy'n eu hanharddu. Maent yn well yn tyfu yng nghysgod wal neu'n cael eu cefnogi â phrennau i gynnal eu taldra urddasol.

Yn yr un modd, mae na'd-fi'n-angof (ysgorpionllys, *Myosotis sylvatica*) yn ildio i lwydni yn hwyr yn y tymor; gwell felly yw taflu'r planhigion lluosflwydd hyn ar ôl iddynt flodeuo gan ofalu'u hysgwyd i wasgaru'r had, er mwyn bod yn sicr o ddigon o eginblanhigion erbyn y gwanwyn canlynol. Yn fy mhrofiad i, mae na'd-fi'n-angof yn hadu mor llwyddiannus nes peri iddynt droi'n niwsans, ond mae'r niwl o flodau bychain glas yn rhan mor brydferth o'r flwyddyn flodeuol fel y gellir maddau iddyn nhw. Maent yn dechrau blodeuo

The same technique should be used to grow that other old-fashioned, biennial favourite honesty (silver pennies, *Lunaria annua*). The last name comes from the flattened seedpods that dry in turn and shed their seed leaving 'silver pennies'. When small and green, these pods can be food for the orange tip caterpillar (*Anthocharis cardamines*), but they eat the related cuckoo flower (*Cardamine pratensis*) or Jack-by-the-hedge (*Alliaria petiolata)* in preference. Honesty flowers in the spring of its second year in red, purple or white, and they stay in flower to complement the blue of the bluebells.

Hollyhock (*Alcea rosea*) is a notable cottage garden perennial that benefits from being treated as a biennial in order to avoid the hollyhock rust fungus that can disfigure it. They grow best in the shelter of a wall or defended with tall stakes to support their stately height.

Similarly forget-me-not (*Myosotis sylvatica*) succumbs to mildew late in the season; better therefore to discard these perennials after flowering, taking care to shake them well to scatter the seed and ensuring that there will be enough seedlings for the following spring. Forget-me-nots are such prolific self-seeders in my experience that they can be a nuisance, but such a pretty

Alcea rosea

Myosotis sylvatica

adeg y cennin Pedr ac ar eu gorau ym
mis Mai gan ymestyn eu tymor hyd at fis
Mehefin.

Mae'r wermod wen (*Tanacetum parthenium*) yn berlysieuyn o deulu'r
llygad-y-dydd ac yn blanhigyn
lluosflwydd byrhoedlog arall sy'n hadu
o gwmpas yn rhwydd. Fel y rhan fwyaf
o berlysiau mae ar ei orau yn yr haul.
Gall fod yn drech na'i gymdogion, â'i
ddail blaenllym, felly byddwch yn ofalus
ag ef. Ond mae'n cynhyrchu pennau
blodau serog dirifedi sy'n effeithiol iawn
i greu teimlad blodeuog mewn gardd.
Mae'n edrych ar ei orau wedi hadu
mewn holltau rhwng cerrig. Mae'r dail
yn ddiarhebol chwerw, ond mae bwyta
un rhwng tafell o fara menyn yn dda at y
meigryn, medden nhw.

part of the flowering year that they can
be forgiven. They start flowering with
the daffodils, are at their best in May
and can extend into June.

Feverfew (*Tanacetum parthenium*)
is a herb of the daisy family and a
short-lived perennial that seeds about
easily. Like most herbs it is at its best
in sun. It can overwhelm its neighbours
with its pungent leaves so watch it!
However, it produces loads of starry
flower-heads that are very effective in
creating a flowery feel in the garden.
It looks its best seeded in cracks
between paving stones. Its leaves are
proverbially bitter but taken in bread
and butter is good for migraine so it's
said.

Tanacetum parthenium

Meconopsis cambrica

Mae troed-y-golomen (*Aquilegia*) dde, yn blanhigyn lluosflwydd go iawn a gall y rhosedi bara am flynyddoedd cyn dirywio. Ond eto mae'n cynhyrchu myrdd o eginblanhigion, felly go brin y bydd yn marw allan yn llwyr. Mae'n goddef cysgod, a gwell ganddo bridd alcalinaidd, ond nid yw'n rhy ffyslyd (mae'n tyfu'n iawn yn Llanelli, ar bridd asid y maes glo). Mae ganddo ddail fel rhedyn, lliw gwyrdd y môr, sy'n werthfawr gydol y tymor wedi i'r blodau hen wywo. Gall y sbrigau blodau gyrraedd taldra o ddwy neu dair troedfedd ym mis Mai, yn llawn blodau nodweddiadol. Mae'r rhain yn hongian ben i waered a'r sepalau lliw

Columbine (*Aquilegia*) right, is a true perennial and the rosettes can last years before declining. But again, it produces numerous seedlings so it rarely dies out entirely. It tolerates shade, and it prefers alkaline soil though it isn't fussy (it grows well in Llanelli on the acid soil of the coalfield). It has ferny, glaucous green leaves that are useful through the season long after the flowers fade. In May the flower spikes rise to two or three feet and are covered with characteristic flowers. These hang down with coloured sepals like little pigeons nestling amongst the petals. They come in all sorts of colours including some

fel colomennod bychain yn tyrru rhwng y petalau. Maent i'w cael mewn pob math o liwiau gan gynnwys rhai deuliw. Fy ffefryn yw y rhywogaeth gwyllt, sef *Aquilegia vulgaris,* sy'n las, a'i fathau gardd fwthyn yn wyn, pinc, coch fel gwin, porffor a glas. Mae rhinweddau'r dail a'r blodau, ynghyd â rhwyddineb tyfu, yn gwneud troed-y-golomen yn ffefryn arbennig. Mae ganddo dapwraidd sy'n tyfu'n ddwfn i'r pridd felly rhaid ei drawsblannu'n gynnar os yw'n tyfu mewn lle anghyfleus. Gall y pryf gwyrdd ymddangos yn bla ar y sbrigau cyntaf ond fyddan nhw byth yn amharu ar y sioe gan fod y fuwch goch gota'n cyrraedd ac yn eu bwyta.

Planhigion unflwydd yw'r mwyafrif o'r pabïau sy'n cael eu tyfu mewn gardd fwthyn ond mae'r pabi Cymreig (*Meconopsis cambrica*) yn blanhigyn lluosflwydd sy'n hadu o gwmpas fel troed-y-golomen. Melyn ac oren yw lliw'r blodau, nid glas anhygoel fel pabi *Meconopsis* eraill. Maent hefyd yn llawer haws i'w tyfu, ac os ymgartrefant yn llwyddiannus gallant ddatblygu'n chwyn bron; felly casglwch yr hadlestri cyn iddynt aeddfedu os ydych am eu cadw o fewn terfynau. Nid wyf wedi llwyddo i'w sefydlu yn fy ngardd fy hun ond gwnânt sioe serchus, ddibynadwy yng ngardd flaen fy mam.

Yn olaf, planhigyn eilflwydd sydd wedi ymgartrefu mor eang ym Mhrydain

bicolours. My favourite is the wild kind, *Aquilegia vulgaris,* that is blue, and its cottage garden varieties are white, pink, wine-red, purple and blue. The qualities of the leaves and flowers and its ease of cultivation make columbine a special favourite. It has a taproot that grows deep into the soil so transplant it early if it appears in an inconvenient place. Greenfly can appear on the early spikes but don't affect the display as ladybirds soon appear to eat them.

Most poppies grown in cottage gardens are annuals but the Welsh poppy (*Meconopsis cambrica*) is a self-seeding perennial like columbine. The flowers come in yellow and orange, not the remarkable blue of other *Meconopsis* poppies. They are also much easier to grow and if they naturalise successfully can almost become weeds; therefore, collect the seed-pods before they ripen if you want to keep them within bounds. I haven't succeeded in establishing them in my own garden but they make a dependable and cheerful show in my mother's front garden.

Lastly a biennial plant that has naturalised itself so extensively in Britain that it is almost considered native. The

nes ei fod yn cael ei ystyried yn gynhenid. Gwelir blodau melyn meddal melyn-yr-hwyr (*Oenothera biennis*) yn gyffredin ar dir anial ac ar lan y môr ac mae'n edrych yn gartrefol iawn mewn gardd fwthyn. Hefyd ceir mathau lluosflwydd go iawn sy'n haws eu trin, fel *Oenothera tetragona* 'Fireworks', isod. Mae hwn yn felyn mwy llachar a chanddo flagur coch. Mae hyd yn oed math a chanddo flodau pinc ar gael bellach, ond nid yw mor drawiadol â'r rhai melyn.

soft-yellow flowers of evening primrose (*Oenothera biennis*) are commonly seen on waste ground and at the seaside and look very much at home in a cottage garden. There are also truly perennial kinds that are easier to deal with, like *Oenothera tetragona* 'Fireworks', below. This is a more startling yellow and has red buds. There is even one with pink flowers, but it isn't as striking as the yellow kinds.

Planhigion Unflwydd Gwydn

Chapter 9

Hardy Annuals

Bydd planhigion unflwydd yn tyfu o had ac yn cyflawni cylchdro'u bywydau o fewn blwyddyn. Wrth i'm gardd aeddfedu ceir llai a llai o le a golau iddynt, ond cofiaf yn serchus a diolchgar sut y byddent yn llenwi'r bylchau yn y blynyddoedd cynnar. Hen ffefrynnau ydynt ar y cyfan a hoffwn eu tyfu o hyd pe bai gennyf le. Mae'r mwyafrif helaeth yn hoffi sefyllfa agored, heulog fel a geir mewn gerddi newydd. Mae'r gallu ganddynt i lenwi llain o dir â lliw yn gyflym a rhad mewn tymor. Hefyd maent yn ffynnu ar dir anffafriol ac yn rhwydd i'w tyfu trwy wasgaru'r had yn syth i bridd wedi'i drin. Rhaid dysgu gwahaniaethu rhwng eginblanhigion

Annuals grow from seed and complete their lifecycle within a year. As my garden has matured there is less and less sunny space for them but I remember fondly and gratefully how they filled the gaps in the early years. They are old favourites on the whole and I would still grow them if I could. The vast majority like an open, sunny situation as predominates in a new garden. They have the ability to fill a plot with colour quickly and cheaply within a season. Also, they thrive on poor ground and are easy to grow by scattering seed straight onto prepared soil. Learn to distinguish the seedlings from weeds, so that weeds do not choke them (as in the parable of

a chwyn, fel na fydd chwyn yn eu tagu (megis yn nameg yr heuwr!) a'u hamddiffyn rhag malwod, ond ar y cyfan maent yn ddigon didrafferth i'w tyfu. Dyma fy mhrofiad innau o blanhigion unflwydd a'r ffordd y defnyddiais hwynt.

Mae siriol pêr y nos (*Matthiola longipetala*) yn flodyn salw, di-nod yn ystod y dydd sy'n agor ac yn gwasgaru persawr cryf pêr pan ddaw'r hwyr. Y dull traddodiadol o'i dyfu yw hau yn gymysg â hadau'r murwyll bychan (*Malcolmia maritima*) uchod, fel bod rhywbeth deniadol i roi pleser ddydd a nos. Fe'i tyfais yn llwyddiannus iawn trwy wasgaru cymysgedd o hadau i'r holltau rhwng cerrig palmant neu ar hyd ymylon llwybrau. Mae lliwiau 'Dolly Mixtures' y murwyll bychan yn cydweddu'n dda â thrigolion eraill yr ardd fwthyn, a bydd persawr y llall yn llenwi'r awyr liw nos. Llawn werth eu tyfu, yn enwedig oddeutu man eistedd.

Hen ffefryn dibynadwy arall yw eira'r mynydd (*Lobularia maritima*) dde, y mae ei dwffiau gwyn ewynnog yn edrych mor effeithiol ar hyd ymylon y borderi neu'n tyfu rhwng cerrig palmant; mae wastad yn gweddu ac i'w argymell. Mae'n hadu

the sower!) and protect them from slugs, but on the whole they are easy to grow. Here is my experience of annuals and how I used them.

Night-scented stock (*Matthiola longipetala*) is an ugly, undistinguished flower during the day but it opens with a strong fragrance in the evening. They are traditionally grown by mixing the seed with that of Virginia stock (*Malcolmia maritima*) above, so that there is something attractive to give pleasure day and night. I have grown them successfully by spreading a mixture of seeds into the cracks of paving stones or along the edge of a path. The 'Dolly Mixtures' colours of the Virginia stock fit in well with other cottage garden denizens and the scent of the other fills the air with perfume in the evening. Well worth growing around a seating area.

Another dependable favourite is sweet alyssum (*Lobularia maritima*) right, whose frothy, white tufts look so effective at the edge of the border or growing in paving cracks, always fitting and to be recommended. It seeds about in many gardens. It is easy to grow by scattering seed but trays of small plants are cheap

o gwmpas mewn llawer o erddi. Mae'n hawdd ei dyfu trwy wasgaru hadau ond gellir prynu hambyrddau o blanhigion bach yn ddigon rhad i lenwi bylchau os na chewch gyfle i'w godi o had.

Mae melyn Mair (*Calendula officinalis*) chwith, yn flodyn traddodiadol mewn gerddi henffasiwn. Ni ddylid eu drysu â *Tagetes,* sy'n edrych yn llawer mwy ffug i'm llygad i – ac yn arogleuo'n ffiaidd i'm ffroenau! Blodau'r 1960au yw'r rheiny! Mae'r ddau fath wedi cael eu cymeradwyo yn ddiweddar fel planhigion da i'w tyfu ymysg llysiau i atal pla; does gennyf ddim profiad o effeithiolrwydd hyn. Ta waeth, bydd un pecyn o had *Calendula* wedi'i wasgaru ymysg planhigion eraill yn rhoi sioe oren hyfryd gydol yr haf os tociwch yr hen flodau nawr ac yn y man. Gadewch iddynt hadu yn yr hydref a byddant yn cenhedlu o flwyddyn i flwyddyn. Dyma blanhigyn glew sy'n rhoi lliw da yn fy ngardd i ers blynyddoedd yn Awst a Medi.

Gellir tyfu glas-yr-ŷd (*Centaurea cyanus*) a'r pabi coch (*Papaver rhoeas*) gyda'i gilydd neu ar wahân trwy wasgaru had ble maent i flodeuo mewn man agored, heulog. Mae malwod yn hoff o las-yr-ŷd felly gwarchodwch nhw rhagddynt. Mae'r glas nefolaidd a'r sgarlad llachar bob amser yn drawiadol ac yn creu naws hiraethus. Mae'r ddau'n agos at frig rhestr fy ffefrynnau a byddant yn hadu'n ddigymell os ewch

enough to fill gaps if you don't get a chance to sow seed.

Pot marigold (*Calendula officinalis*) left, is a traditional flower in old-fashioned gardens. Don't confuse it with *Tagetes* marigolds which look more artificial in my eyes and smell awful to my nose! They are so sixties! Both kinds are recommended recently as companion plants to grow with vegetables and deter pests; I have no experience of how effective this is. Anyway, a packet of *Calendula* seeds scattered amongst other plants will give a lovely orange show throughout the summer if you dead-head the old flowers from time to time. Let them seed in the autumn and they will propagate themselves from year to year. A fine plant that gives good colour in August and September for years in my garden.

Cornflowers (*Centaurea cyanus*) and red poppies (*Papaver rhoeas*) can be grown together or separately by scattering seed where they are to flower in an open position. Slugs like cornflowers so protect them from them. The heavenly blue and the bright scarlet are always striking and wistful. The two are high on my list of favourites and they will seed themselves if you disturb the soil with a rake the following spring. Cornflowers are good for cutting too. The kind of poppies called Shirley poppies (after the Reverend Shirley who

Centaurea cyanus

Papaver rhoeas

Eschscholzia californica

Antirrhinum majus

dros y pridd â rhaca y gwanwyn dilynol. Mae glas-yr-ŷd yn addas i'w torri ar gyfer y tŷ hefyd. Yr un rhywogaeth yw'r math o babi a elwir yn babi Shirley (ar ôl y Parchg Shirley, a'u datblygodd yn ei ardd) ond yn amrywio o ran eu lliw o wyn i binc i'r coch gwreiddiol, ynghyd â rhai ag ymylon o liw gwahanol i'r petalau; maent lawn cystal o ran eu heffaith a rhwyddineb tyfu. Hefyd, mae lliw oren pabi Califfornia (*Eschscholzia californica*) yn syndod o addas mewn gardd fwthyn, ac i'w drin yn yr un modd â'r pabïau eraill. Mae llysiau'r cwsg (pabi opiwm, *Papaver somniferum*) yn llawer mwy ac yn gallu bod braidd yn llethol o ganlyniad. Maent yn hadu mor rhwydd nes eu bod yn niwsans weithiau. Serch hynny, mae'r blodau dwbl, yn enwedig, bob amser yn drawiadol er yn fyr eu hoes; mae'r dail llwydlas yn goeth a'r hadlestri'n rhagorol ar gyfer eu sychu.

Bydd plant yn dwlu ar drwyn-y-llo (*Antirrhinum majus*), gan fwynhau gwasgu'r blodau nes eu bod yn agor eu 'cegau'. Planhigion lluosflwydd ydynt mewn gwirionedd a gwelir hwy o bryd i'w gilydd wedi hadu mewn hen furiau, gan edrych yn hyfryd. Ond i fod yn siŵr o gyflenwad da o'r hen ffefrynnau hyn mae'n well eu trin fel planhigion unflwydd. Maent i'w cael yn fathau tal, cymedrol, neu fyr, ac mewn llu o liwiau; yn bersonol rwy'n hoffi'r coch a'r pinc. Wedi dewis, rhaid mynd ati'n gynnar

developed them in his garden) are the same species but vary in colour from white to pink to the original red and some have different coloured margins to the petals; they are equally good in quality and ease of cultivation. The orange colour of the Californian poppy (*Eschscholzia californica*) is surprisingly suitable for the cottage garden too and is treated like other poppies. Opium poppies (*Papaver somniferum*) are much bigger and can thus be overwhelming. They seed so prolifically as to be a nuisance. That said, the double forms especially are always impressive, if short-lived; the glaucous leaves are rich and the seedpods excellent for drying.

Children love snapdragons (*Antirrhinum majus*), and like to squeeze the flowers so that they open their 'mouths'. They are really perennials and are found from time to time seeded on old walls and looking lovely. But to be sure of a good supply of these old favourites it is better to treat them as annuals. They are available in short, medium and tall varieties and come in a host of colours; personally I like the pinks and reds. When you have made your choice, you must sow the seed as early as January under glass or on the window sill in order to have plants large enough to flower the first summer. To avoid the chore of pricking out the seedlings you can use pelleted

i hau – mor gynnar â mis Ionawr dan wydr neu ar silff ffenest – er mwyn cael planhigion digon mawr i flodeuo'n dda yr haf cyntaf. Er mwyn osgoi'r dasg o bigo allan yr eginblanhigion, gallwch ddefnyddio had mewn pilsen ond mae'r rhain yn ddrud ac nid ydynt yn egino cystal bob tro. Tociwch allan bennau'r eginblanhigion mwyaf i annog planhigion trwchus a nifer fawr o sbrigau blodau. Gadewch iddynt hadu ar ddiwedd y tymor a phwy a ŵyr pa gornel gaiff ei ffatrio ag addurn y flwyddyn nesaf?

Ffefrynnau traddodiadol eraill yw perbys (*Lathyrus odoratus*) dde. Byddant fel arfer yn cael eu tyfu i ddringo brigau cyll mewn rhesi yn yr ardd lysiau ond gellir eu tyfu yr un mor llwyddiannus i fyny ffens neu wigwam o brennau yn y border i roi uchder i'r plannu. Ond rhaid iddynt fod o fewn cyrraedd gan eu bod yn hawlio haul a digon o ddŵr; maent yn hoffi gwrtaith, mae angen eu clymu i'r prennau a'u hyfforddi, a rhaid eu torri'n gyson er mwyn iddynt barhau i gynhyrchu blodau dros dymor hir. Nid ydynt yn ddidrafferth felly ond maen nhw'n un o'r ffefrynnau y bydd garddwyr yn ystyried yn werth yr ymdrech. Plannwch yr hadau, ar ôl eu trochi mewn dŵr dros nos, yn gynnar yn y flwyddyn (neu hyd yn oed yr hydref blaenorol). Gwarchodwch yr eginblanhigion dan wydr a chaledwch nhw'n ofalus cyn eu plannu allan. Rwy'n eu tyfu bob

seed but these are more expensive and don't germinate as easily. Pinch out the lead shoots of the larger seedlings to encourage a bushy plant with lots of flower spikes. If you leave them seed at the end of the season who knows what corner will be favoured with ornament next year!

Sweet peas (*Lathyrus odoratus*) right, are another traditional favourite that are usually grown up hazel twigs in rows in the vegetable garden but they can also be grown up a fence or a wigwam of sticks in the border to give height to the planting. They must be easily reached however as they require sun and plenty of water; they like rich feeding, they need to be trained and tied in up the supports and they need to be picked regularly to ensure a succession of flowers over a long season. Not easy-care therefore! But one of the favourites gardeners feel is worth the effort. Start the seeds, having soaked them overnight, early in the year, or the previous autumn. Nurture the young seedlings under glass and harden them off carefully before planting them out. I grow them every year in memory of my father who loved them but I get better

blwyddyn er cof am fy nhad, oedd yn ffoli arnynt, ond caf well canlyniadau ambell flwyddyn na'i gilydd. Y gorau erioed oedd pan gefais sioe ardderchog o becyn a ddaeth am ddim gyda chylchgrawn garddio. Eu henw oedd 'Royal Blue' ac roedd ganddynt liw ac arogl arbennig. Mae llestr o berbys a'u harogl hyfryd a'u lliwiau meddal yn un o ogoniannau'r haf.

Mae Meri-a-Mari (*Tropaeolum majus*) isod, ar y llaw arall yn hollol ddidrafferth yn wir maent yn aml yn cael eu cynnwys mewn pacedi hadau i blant eu tyfu. Gellir

results some years than others. The best ever was when I had an excellent show from a free packet of seeds from a gardening magazine. They were called 'Royal Blue' and were of exceptional colour and scent. A vase of sweet peas smells wonderful and their soft colours are one of the glories of summer.

Nasturtiums (*Tropaeolum majus*) below, on the other hand are trouble free; indeed they are often included in seeds for children to grow. The large seeds can be planted in any poor soil

plannu'r hadau mawr mewn unrhyw bridd gwael (nid ydynt yn hoff o bridd cyfoethog) a byddwch bron yn siŵr o arddangosfa o flodau melyn, oren neu sgarlad. Gellir defnyddio'r blodau a'r dail mewn salad, a gwneud picl o'r hadau gwyrdd a'u defnyddio fel caprys. Mae ganddynt ddau elyn: y pryf du a lindys y glöyn mawr gwyn (*Pieris brassicae*). Mae'r lindys yn fawr ac yn ddigon amlwg i'w difa gan arddwyr gwyliadwrus, ond mae'r pryf yn fwy o broblem os ydych chi, fel fi, yn anfodlon chwistrellu. Gwnewch bopeth o fewn eich gallu felly i annog yr ysglyfaethwyr naturiol fel y fuwch goch gota a'r pryf hofran.

Nid yw *Cosmos*, uchod, yn draddodiadol i ardd fwthyn ond mae ffurf a lliwiau'r blodau'n gweddu i'r dim ac yn werthfawr i lanw bylchau, yn enwedig

(they don't like rich soil) and you can be sure of a show of yellow, orange or scarlet flowers. The flowers and leaves can be used in salads and the green seeds pickled to be used like capers. They have two enemies, black-fly and cabbage white butterfly (*Pieris brassicae*) caterpillars. The caterpillars are large and obvious enough to be picked off by a watchful gardener but the aphids are more of a problem if like me you are unwilling to spray. Do all you can therefore to encourage natural predators like ladybirds and hoverflies.

Cosmos, above, isn't a traditional cottage garden plant but the form and colours of the flowers fit in perfectly and they are useful to fill the gaps at the end of summer when other flowers

ar ddiwedd yr haf pan fydd planhigion eraill yn dechrau dirywio. Maent yn rhwydd i'w meithrin gan fod yr had a'r eginblanhigion yn fawr ac amlwg. Gellir eu plannu allan ar ôl i fygythiad rhew fynd heibio. Mae ganddynt ddail moethus fel rhedyn a dônt â'u coch, pinc a gwyn i lonni'r borderi o Awst hyd at y rhew cyntaf ym mis Tachwedd. Mae gan gwlwm-y-cariadon (*Nigella damascena*) ddail fel y *Cosmos* ond mae dipyn yn fyrrach ac mae'r blodau'n las fel y nen. Hefyd mae'r hadlestri'n ddiddorol ar gyfer sychu.

are going downhill. They are easy to cultivate as both seed and seedlings are large enough to handle. They can be planted out when all danger of frost is past. They have luxuriant ferny leaves and bring red, pink and white to cheer the borders in August and up to the first frost in November. Love-in-a-mist (*Nigella damascena*) has leaves like *Cosmos* but is rather shorter and its flowers are sky blue. It also has interesting seedpods for drying.

Helianthus annus

Mae blodau'r haul (*Helianthus annus*) hefyd yn draddodiadol i ardd fwthyn ac yn siriol iawn – os yn hyf! Gwnaent gefndir da i forder newydd ond rhaid eu gwarchod rhag malwod a'u cefnogi â phrennau. Cofiwch adael yr hadlestri yn fwyd i'r adar ar ddiwedd y tymor.

Ac eithrio *Cosmos*, gall pob un o'r uchod gael eu tyfu tu allan, er ei bod hi'n well dechrau perbys a thrwyn-y-llo dan wydr. Planhigion eraill rydw i wedi'u mwynhau mewn gerddi eraill yw malws unflwydd (*Lavatera trimestris*), beryn chwerw unflwydd (*Iberis amara*), blodau melynwy (*Limnanthes*) a *Phacelia*. Mae ganddynt i gyd flodau hyfryd fyddai'n gweddu'n dda mewn gardd fechan â digon o haul, ac mae cyfarwyddiadau ar y pacedi had.

Daeth yn ffasiwn gan rai awdurdodau lleol bellach i wasgaru hadau planhigion unflwydd ar bridd wedi'i droi ar ochrau'r heolydd yn hytrach na defnyddio planhigion gosod. Gall hyn fod yn llwyddiannus iawn, ac wrth gwrs mae'n rhatach ac yn llai o waith na gosod planhigion traddodiadol. Hefyd mae'r dewis o blanhigion yn cynhyrchu neithdar, ac yn y man hadau, sy'n ddeniadol i wenyn a bywyd gwyllt arall. Mae'r carpedi lliwgar, blodeuog yn effeithiol iawn a bydden nhw'n addas ar gyfer borderi gardd fwthyn; byddai hyn yn ffordd gyflym a rhad o lenwi darn o dir newydd. Hen blanhigion yr ŷd a ddefnyddir gan amlaf, fel y pabi

Sunflowers (*Helianthus annus*) too are traditional in the cottage garden and are cheerful, if coarse. They would make a good background in a new border but they must be protected from slugs and supported with canes. Remember to leave the seed-heads for the birds.

With the exception of *Cosmos*, all those described can be grown outside, though it is better to start sweet peas and snapdragons under glass. Others I have enjoyed in other gardens are annual mallow (*Lavatera trimestris*), annual candytuft (*Iberis amara*), poached-egg plant (*Limnanthes*) and *Phacelia*. They all have lovely flowers that would fit well into a small sunny garden. The seed-packets come with instructions.

It has become fashionable with some local authorities to scatter annual seeds on disturbed earth on roadsides instead of using bedding plants. This can be very successful and of course much cheaper and less labour-intensive. Also the plants chosen produce nectar, and in time seeds, that attract bees and other wildlife. These colourful, flowery carpets are very effective and would be suitable for a cottage garden border; this would be a good way to quickly and cheaply fill a new patch of soil. The old cornfield annuals are mostly

coch, glas-yr-ŷd ac yn y blaen, ynghyd ag eraill sydd ddim yn gynhenid, o deulu'r llygad-y-dydd, fel *Cosmos* a *Coreopsis*. Un poblogaidd arall yn y gymysgedd yw *Linaria marocana*, isod, sy'n perthyn i'r cynhenid lin-y-llyffant (*Linaria vulgaris*) melyn ond sy'n blodeuo mewn lliwiau sy'n cynnwys gwyn, pinc a phorffor.

used, like corn poppies and cornflowers, together with others that are not natives, from the daisy family, like *Cosmos* and *Coreopsis*. Another popular one in the mixes is *Linaria marocana*, below, that is related to the native yellow toadflax (*Linaria vulgaris*) but has lots of colour forms like white, pink and purple.

Ymylon y Border

Nid dim ond planhigion lluosflwydd sy'n addas i'r pwrpas hwn; mae gan blanhigion unflwydd a bylbiau eu rhan hefyd. Byddant i gyd yn blanhigion byr nad ydynt yn tyfu fwy na throedfedd; mae'r mwyafrif yn cropian ar hyd wyneb y pridd. Tyfir llawer ohonynt mewn gerddi cerrig traddodiadol ac felly maent yn hoff o bridd sy'n draenio'n rhwydd. Mae'r mwyafrif hefyd yn hoffi lle agored yn yr haul. Nid yw gardd gerrig yn nodwedd o ardd fwthyn ond mae llawer o'r planhigion sy'n gysylltiedig ag ef wedi tyfu ar waliau bythynnod ac ar ymylon eu llwybrau a'u perthi erioed.

Ar ddechrau'r flwyddyn bydd y ddau ferw'r graig, *Aubretia* ac *Arabis,* y ddau'n draddodiadol mewn gerddi cerrig, yn

Chapter 10

The Border's Edge

Not only perennials are suitable for this purpose; many annuals and bulbs can play a part too. They will all be plants that do not grow more than a foot tall, the majority creeping along the soil surface. Many are grown in traditional rock gardens and are thus fond of well-drained soil. The majority also like an open situation in the sun. A rock garden is not a feature seen in cottage gardens but many of the plants associated with it have always grown on cottage walls and at the edges of paths and even hedges.

To open the year we have the two plants known as rock-cress, *Aubretia* and *Arabis*, both traditional in rock gardens, scrambling over walls or the

Aubretia var.

Helianthemum sp.

crafangu dros waliau neu ymylon borderi ar yr amod bod y llecyn yn draenio'n rhwydd. Gellir eu tyfu'n dda o hadau, ac mae toriadau'n gwreiddio'n rhwydd, neu gellir eu prynu'n rhad mewn hambyrddau er mwyn eu plannu allan. Porffor, lliw gwin neu las yw prif liwiau *Aubretia* tra bod *Arabis* yn wyn (er bod porffor i'w gael hefyd). Dylid eu tocio â siswrn wedi iddynt flodeuo, i'w dacluso a'u cadw o fewn terfynau. Yn anffodus, gall malwod wneud llanast o'r rhain hefyd; rheswm arall dros eu cadw mewn man agored ymhell o lecynnau gwlyb sy'n hoff gan falwod.

Mae cor-rosod (*Helianthemum*) hefyd yn hoff o lecyn agored, heulog. Llwyni bychain ydynt mewn gwirionedd a rhaid eu tocio'n galed ar ôl blodeuo i'w cadw'n daclus. Cymerwch doriadau o bryd i'w gilydd gan eu bod yn dirywio ar ôl rhai blynyddoedd. Maent yn mynnu pridd sy'n draenio'n rhwydd a hwnnw'n galchaidd os yw'n bosib. Gwelir y cor-rosyn melyn gwyllt yn tyfu ar greigleoedd o amgylch

front of the border as long as it's free draining. They can be grown well from seed, and cuttings root easily, or they can be bought cheaply in trays ready to plant out. Purple, wine-red or blue are the main colours of *Aubretia*, whereas *Arabis* is usually white (though this can be purple too). They should be clipped over with shears after flowering to keep them neat and within bounds. Unfortunately, slugs can make a mess of these too; another reason for keeping them in the open, far from damp places that slugs love.

Rock-roses (*Helianthemum*) too like an open, sunny situation. They are really small shrubs and they need to be pruned hard after flowering to keep them tidy. Take cuttings from time to time as the plants deteriorate after a few years. They demand free draining soil and calcareous soil if possible. The wild yellow rock-rose grows in rocky places around the edge of the South Wales

ymyl maes glo De Cymru, lle mae'r graig galchaidd yn brigo. Mae mathau gwyn, oren, pinc a choch i'w cael ar gyfer eu tyfu yn yr ardd a cheir pleser mawr oddi wrth y blodau, sydd fel rhosod bychain – y rhai sengl, fel y blodyn gwyllt, yn well na'r rhai dwbl, yn fy marn i.

Mae rhywogaethau'r penigan (*Dianthus*) yn draddodiadol iawn, a'u blodau persawrus a'u dail llwydwyrdd hyfryd yn hollol addas i ardd fwthyn. Mae'r rhain hefyd yn hoffi'r haul, a phridd calchaidd sy'n draenio, a rhaid eu hadnewyddu'n aml o doriadau gan eu bod yn mynd yn brennaidd ac yn dirywio ar ôl rhai blynyddoedd. Er nad ydynt yn hawdd, maen nhw'n werth yr ymdrech os oes gennych yr amodau tyfu addas – a'r amynedd.

Ceir math o suran-y-coed (*Oxalis articulata*) ac arno glystyrau o flodau pinc, sy'n gyffredin iawn mewn gerddi ond braidd byth i'w weld ar werth. Felly

coalfield where the limestone outcrops. White, orange, pink and red forms are also available to grow in gardens and the flowers, like tiny roses, give great pleasure – the single ones, like the wild flower, better than the doubles, I think.

Kinds of pinks (*Dianthus*) are very traditional with their cottagey fragrant flowers and lovely grey-green leaves. Like the previous plants, they like sun and a free-draining calcareous soil. But they must be renewed frequently from cuttings as they become woody and deteriorate after a few years. Not easy then, but worth the effort if you have the conditions to grow them – and the patience.

There is a kind of wood sorrel (*Oxalis articulata*) that has clusters of pink flowers in an umbel that is very common in gardens but never offered for sale. Thus it is worth

Dianthus var.

Oxalis articulata

mae'n syniad da dod o hyd i rywun â thwffyn i'w rannu os ydych am ddarn o'r planhigyn prydferth hwn. Dim ond yn yr haul y bydd y blodau'n agor ond daliant ati i flodeuo gydol yr haf ac mae'n hollol ddidrafferth i'w dyfu. Mae 'na fathau eraill ar gael, rhai a chanddynt ddail deniadol iawn, a fyddai'n werth y fenter hefyd, ond ar y llaw arall mae 'na rai *Oxalis* sy'n chwyn rhemp – felly byddwch yn sicr o'r hyn rydych yn ei gael!

Planhigyn ardderchog i angori cornel neu i roi pwyslais ar flaen y border yw beryn-yr-ardd lluosflwydd (*Iberis sempervirens*) chwith, sy'n gwneud twmpathau taclus o ddail bach bythwyrdd tywyll. Mae ganddo'r blodau gwyn glanaf, mwyaf llachar dwi'n gwybod amdanynt, y cyntaf yn agor ar ddechrau'r flwyddyn a'r sioe yn tyfu mewn grym nes cyrraedd uchafbwynt ym mis Ebrill. Eto, rwy'n ei docio er mwyn ei dacluso ar ôl iddo orffen blodeuo. Un arall sydd yn rheng flaen y planhigion cymeradwy!

Ffefryn arall yw pig-yr-aran goch (*Geranium sanguineum*) sy'n tyfu'n wyllt ar dwyni Penrhyn Gŵyr. Mae pob pig-yr-aran yn dda ond mae'n anodd gwella ar hwn ar gerrig neu ar flaen y border. Mae'r blodau'n lliw majenta, felly gosodwch ef yn ofalus i osgoi gwrthdrawiad, ac mae'r dail del wedi'u rhannu'n fân. Hefyd, mae'r is-rywogaeth (*G. sanguineum striatum*) sy'n tyfu ar Ynys Walney yn Swydd Gaerhirfryn yn binc a'r un mor hyfryd yn

finding someone with a clump to divide if you want some of this lovely plant. The flowers open only in the sun but they are produced throughout the summer and it is entirely trouble-free to grow. There are other types available, some with very attractive leaves, that would be worth trying too, but on the other hand there are some *Oxalis* that are pernicious weeds – so make sure what you are getting!

Perennial candytuft (*Iberis sempervirens*) left, is a fine plant to anchor a corner or provide an emphasis at the edge of the border as it makes tidy hummocks of small, dark, evergreen leaves. Its flowers are the purest, most dazzling white I know, the first opening early in the year, and the show gathering strength to a zenith in April. This, too, I trim to tidy it up after flowering. Another at the forefront of my recommendations!

Bloody cranesbill (*Geranium sanguineum*) is another favourite that grows wild on the dunes of the Gower Peninsula. Every cranesbill is good but this one is hard to better at the front of the border. Its flowers are magenta, so place it carefully to avoid clashes, and its pretty leaves are finely divided. There is also a sub-species (*G. sanguineum striatum*) that grows on Walney Island in Lancashire that is pink and is as lovely in its way as the one from Gower.

Geranium sanguineum striatum

Campanula portenschlagiana

Saxifragia moschata

ei ffordd â'r un sy'n gynhenid i Fro Gŵyr. Mae'r math gwyn (*Album*) yn blanhigyn llai twt ac nid yw'n tyfu mor gryf.

Cydymaith da i big-yr-aran yw clychau'r Eidal (*Campanula portenschlagiana*). Mae'r clychau'n las-borffor ac yn wrthlen dda i'r majenta. Er bod sawl math o glychlys yn addas, yn fy mhrofiad i hon yw'r fwyaf cymwys a didrafferth. Mae'n blodeuo'n doreithiog heb golli ei ffurf gryno, gan ledu ond ddim yn ormodol. Manteision eraill yw nad yw'r malwod yn ei thrafferthu a'i bod yn tyfu'n dda yn y cysgod. Planhigyn da felly mewn mannau cysgodol ble byddai llawer o'r uchod yn marw.

Mae tormeini mwsoglaidd (*Saxifraga moschata*) hefyd yn addurn da i'r ymylon ac yn goddef tipyn o gysgod, ond tyfant yn yr haul hefyd. Gwnânt fatiau taclus gwyrdd ac arnynt orchudd o flodau serennog gwyn neu binc yn Ebrill a Mai. Maent yn destun pleser mawr ond yn anffodus yn dueddol o farw'n ddisymwth heb reswm amlwg. Gall gwiddon fod yn gyfrifol am eu tanseilio ar brydiau. Er mai rhywogaeth o dorfaen yw balchder Llundain (*Saxifraga x urbium*), mae dipyn yn wahanol, a'i rosedi o ddail bob un yn cynhyrchu sbrigyn agored, ysgafn o flodau pinc. Mewn amser, ffurfia'r rhosedi fatiau bythwyrdd sy'n creu strwythur cadarn ar ymyl y borderi, ac mae hwn hefyd yn dda iawn mewn cysgodleoedd. Tebyg o ran ei sbrigau

The white variety (*Album*) is less neat and not such a strong grower.

A good companion for the cranesbill is Italian bellflower (*Campanula portenschlagiana*). The blue-purple bells are a good foil for the magenta. There are a number of suitable bellflowers but in my experience this one is the most appropriate and trouble-free. It flowers profusely without losing its compactness, it spreads but not excessively. Other advantages are that it doesn't seem bothered by slugs and it grows well in shade. A good plant, therefore, for the shady edges where many of the above would die out.

The mossy saxifrages (*Saxifraga moschata*) too are ornamental for edges and tolerate quite a bit of shade, though they also grow in sun. They make neat green mats that become covered with starry pink or white flowers in April and May. They are a source of great pleasure but unfortunately tend to die out suddenly without obvious reason. Sometimes weevils are responsible for undermining them. Though a kind of saxifrage, London pride (*Saxifraga x urbium*) is very different, with each rosette of leaves producing one open, light spray of pink flowers. In time, the rosettes make evergreen mats that strengthen the structure of a border's edge and it is also good in shady

blodau yw clychau cwrel (*Heuchera*) uchod; mae'r hen fath yn brydferth ac yn addas i ardd fwthyn, ond mae'r mathau diweddar sydd wedi datblygu er mwyn eu dail mewn lliwiau fel coffi, brown a choch yn edrych yn hollol annaturiol yn fy marn i. Rwy'n tyfu *Heuchera* 'Palace Purple' mewn pot yn y cysgod ond mae hwn yn blanhigyn mwy cydnerth na'r lleill ac yn fwy addas ar gyfer rhoi amrywiaeth o ddail ynghanol y border yn hytrach nag ar yr ymyl. Un arall sy'n dda fel gorchudd bythwyrdd i'r pridd yn y cysgod yw'r berfagl fach (*Vinca minor*) gyferbyn, er ei bod yn blodeuo'n well yn yr haul. Rhaid disgyblu hon gan y gall dyfu'n rhemp a mogi planhigion eraill, ac mae wedi dianc ac ymgartrefu yn y gwyllt mewn sawl man. Mae glesyn-y-coed (*Ajuga reptans*) a briallu (*Primula vulgaris*) (a drafodir ym mhennod 14) hefyd yn addas ar gyfer ymylon cysgodol.

spots. Coral bells (*Heuchera*) above, has similar sprays of flowers; the older kind is pretty and suitable for a cottage garden but recent forms developed for their coffee, brown and red leaves look totally unnatural in my view. I grow *Heuchera* 'Palace Purple' in a pot in the shade but this is a more robust plant than the other and more suitable for giving variety of foliage in the middle of the border than at the edge. Another that gives an evergreen cloak to shady soil is the lesser periwinkle (*Vinca minor*) opposite, though it flowers better in sun. This must be watched as it can grow so rampantly as to choke other plants; it has escaped from gardens and naturalised in many wild places. Bugle (*Ajuga reptans*) and primroses (*Primula vulgaris*) (discussed in chapter 14) are also suitable for shady edges.

Yn ol i'r haul ac allan o'r gwlybaniaeth! Os tyfwch y math o lysiau'r oen (*Stachys byzantina*) gyferbyn, sy ddim yn blodeuo, sef 'Silver Carpet', bydd yn ardderchog ar gyfer creu cyferbyniad llwyd ar yr ymyl a'i ddail gwlanog yn eich cymell i'w teimlo. Ond mae'r mathau sy'n cynhyrchu'r sbrigau blodau gwlanog yn dalach ac yn gofyn am gael eu plannu'n nes at gefn y border. Mae 'Silver Carpet' yn dyfwr cryf, ond tel llawer o blanhigion gwlanog, yn dueddol o bydru ar ôl gaeaf gwlyb. Felly mae angen ei godi yn y gwanwyn ac ailblannu'r darnau gorau. Mae eira'r haf (*Cerastium tomentosum*) yn blanhigyn arall a chanddo ddail llwydwyrdd; caiff ei feirniadu'n llym am ei fod yn tyfu mor rhemp, ond os ydych yn barod i'w ddisgyblu, does dim planhigyn gwell i wneud pentwr llwyd deniadol ar ben wal, ac fel yr awgryma'r enw, caiff ei orchuddio ym mis Mai â blodau pert

Back to the sun and out of the damp! If you grow the non-flowering form of lamb's ears (*Stachys byzantina*) opposite, called 'Silver Carpet' it will provide an excellent grey contrast at the edge with its woolly leaves that invite you to touch them. The ones that produce woolly spikes of flowers are taller and need planting further back in the border. 'Silver Carpet' is a strong grower, but like many woolly-leaved plants tends to rot in a wet winter, Thus it needs to be lifted in spring so the best bits can be replanted. Snow-in-summer (*Cerastium tomentosum*) is another grey-leaved plant that gets harshly criticised for being such a rampant grower; if you are prepared to control it, there is no better plant to make an attractive grey mound on top of a wall, and as its name suggests, in May it will be covered with pretty white flowers

Cerastium tomentosum

Sedum sp.

Erigeron glaucum

Osteospermum sp.

gwyn, megis cawod o eira. Mae gan bob un o'r berwigod (*Sedum*) ddail suddlon sy'n eu galluogi i oroesi cyfnodau sych. Gall y mymryn lleiaf o ddeilen wreiddio a chenhedlu planhigyn newydd. O ganlyniad, gallant droi'n chwyn dan rai amodau. Rwy'n eu tyfu mewn cafnau yn llygad yr haul lle maent yn goddef y sychder. Mae *Sedum acre* yn felyn ac yn gynhenid, a *Sedum album* yn wyn, ond fy ffefryn yw *Sedum reflexum* sy tipyn yn fwy ac yn cynhyrchu sbrigau o flodau melyn tua chwe modfedd o daldra.

Un arall sydd wedi ymgartrefu'n helaeth yw'r heboglys euraid (*Pilosella aurantica*). Dyma un arall sy'n tyfu'n rhemp ac yn hadu ym mhobman, fel ei berthynas, dant-y-llew! Ond rwy'n hoff iawn ohono, a'i flodau oren llachar; maent o hyd yn creu sioe dda a siriol. Ceir sawl un arall, fel yr heboglys, sy'n perthyn i deulu'r llygad-y-dydd (*Asteraceae*), sy'n tyfu'n isel ac felly'n addas i flaen y border. Mae blodau math llygad-y-dydd bob amser yn gweddu'n ardderchog i ardd fwthyn – os ydynt

like snow in summer. The stonecrops (*Sedum*) all have succulent leaves that enable them to survive dry periods. The smallest piece can root and produce a new plant. Thus they can become weeds in some circumstances. I grow them in a trough in full sun where they can withstand the drought. *Sedum acre* is yellow and a native, and *Sedum album* is white, but my favourite is *Sedum reflexum* which is somewhat larger and produces umbels of yellow flowers to a height of six inches.

Another plant that has extensively naturalised is orange hawkweed (*Pilosella aurantica*). It, too, can grow rampantly and seed everywhere like its relative the dandelion! But I'm very fond of its bright orange flowers; it always makes a good, cheerful show. Several others like the hawkweed that are members of the daisy family (*Asteraceae*) are low-growing and therefore suitable for the front of the border. Daisy-like flowers always fit superbly in a cottage garden whether

yn draddodiadol ai peidio. Dau sy'n dod i'r meddwl sy'n lluosflwydd ac yn tyfu'n dda o doriadau yw *Erigeron* ac *Osteospermum,* mewn lliwiau meddal o binc a phorffor. Nid yw'r mathau o *Osteospermum* sy'n cael eu gwerthu fel planhigion gosod yn gallu gwrthsefyll rhew, gyda llaw, felly toriadau o blanhigyn sydd wedi profi i fod yn galed drwy sawl gaeaf amdani. Mewn tymor neu ddau bydd y rhain wedi tyfu'n garped blodeuog ar fancyn neu ymyl border.

they are traditional or not. Two that come to mind that are perennial and grow well from cuttings are *Erigeron* and *Osteospermum* in soft colours of pink and mauve. The kinds of *Osteospermum* sold as bedding plants are not hardy, thus it's best to get a cutting from a plant that has proved hardy through several winters. In a season or two these will have formed flowery carpets on a bank or border edge.

Persicaria affine

Pilosella aurantica

Pennod 11

Perlysiau

Mae gerddi perlysiau yn hen draddodiad arall sydd wedi dod yn boblogaidd eto. Rhan o'r rheswm yw bod cogyddion yn chwilio am rywbeth ffres a gwahanol i fywiogi eu prydau. O, pe bai ond gennyf le i ardd berlysiau! Ond does dim lle gennyf felly dilynaf draddodiad y tyddynnwr a'u gwasgaru ymysg y planhigion eraill. Mae llawer o berlysiau'n ddigon deniadol i addurno'r border cymysg.

Mae cennin syfi (*Allium schoenoprasum*), er enghraifft, sy'n fwy ysgafn mewn brechdanau neu salad na wynwyn neu arlleg, yn creu twmpathau glaswelltog a goronir â blodau porffor yn eu tymor. Maent yn edrych yn wych ar ymyl y border neu ar hyd llwybr, gan

Chapter 11

Herbs

Herb gardens are an old tradition that has come back into vogue. This is partly because chefs are looking for something fresh and different to liven up their dishes. Oh, that I had room for a herb garden! But I don't have room so I follow the tradition of the cottagers and scatter them amongst other plants. Many of the herbs are quite attractive enough to adorn a mixed border.

Chives (*Allium schoenoprasum*), for example, which are gentler in sandwiches or salad than onion or garlic, make grassy mounds crowned with purple flowers in their season. They look excellent at the edge of a border or along a path, accompanying plants described in the previous chapter. (Incidentally, the

Allium schoenoprasum

Mentha rotundifolia

Mentha rotundifolia

gadw cwmni i'r planhigion a ddisgrifiwyd yn y bennod flaenorol. (Gyda llaw, mae'r blodau'n fwytadwy ac yn gwneud garnis anarferol ar gyfer bwyd.)

Mae bron bob perlysieuyn cyffredin yn gofyn am le heulog. Dim ond mintys (*Mentha*) sy'n goddef cysgodle. Y broblem gyda hwn yw ei fod yn lledu'n rhemp i bob man ac yn ymddangos ynghanol popeth. Taflais allan fintys-y-march (*Mentha spicata*) oherwydd ci ddiffyg disgyblaeth! Mae gan bob cogydd ei hoff fintys ond mae pob un yn ddigon blasus ac yn edrych yn ddigon da yn ei flodau i mi. Mae'r math braith o fintys gwlanog (*Mentha suaveolens* Variegata) yn bert iawn ond marw mas y bydd gyda fi bob tro. Am flynyddoedd, roedd mintys-y-dŵr (*Mentha aquatica*) yn tyfu yn fy mhwll ac yn cyflenwi fy holl anghenion am fintys.

Llwyni bychain ydy llawer o'r perlysiau cyffredin fel lafant, rhosmari, teim a saets. Mae angen eu tocio'n ofalus yn flynyddol rhag iddynt fynd yn hirgoes. Yn y man, ânt yn hen a phrennog a rhaid gosod planhigion newydd wedi'u tyfu o doriadau yn eu lle. Rhosmari (*Rosmarinus officinalis*) yw'r un sy'n para hiraf, yn ôl pob tebyg, a gall droi'n berthi a llwyni mawrion gydag amser. Mae lafant (*Lavandula angustifolia*) yn fwy taclus os caiff ei warchod yn ofalus; mae'r gwahanol fathau'n amrywio o ran maint a dyfnder lliw'r blodau.

edible flowers make an unusual garnish for food.)

Nearly all the common herbs need a sunny spot. Only mint (*Mentha*) tolerates any shade. The problem with it is that it spreads rampantly all over the place and turns up in the middle of things. I threw out my spearmint (*Mentha spicata*) because of its incontinence! Every cook has a favourite mint but all are tasty enough and look good enough in flower to me. The variegated form of apple mint (*Mentha suaveolens* Variegata) is very pretty but dies out with me every time! For years water mint (*Mentha aquatica*) grew in the pond and met all my needs for mint.

Many common herbs are really small shrubs, such as lavender, rosemary, thyme and sage. They need to be carefully pruned annually so they don't get leggy. Eventually, they get old and woody and need to be replaced with new plants grown from cuttings. Rosemary (*Rosmarinus officinalis*) probably lasts longest and can make large bushes or hedges in time. Lavender (*Lavandula angustifolia*) is neater if looked after properly; the different kinds vary in the size and depth of colour of their flowers. 'Hidcote' is my favourite, it makes neat hummocks and has flowers darker than others. There is a lovely white but those with pinkish flowers are insipid to my eyes. French lavender (*Lavandula*

Lavandula *'Hidcote'*, Lobelia var

Rosmarinus officinalis

Thymus x citrodorus

Thymus vulgaris, Allium schoenoprasum

'Hidcote' yw fy ffefryn, sy'n creu llwyni twt a blodau tywyllach na'r cyffredin; gellir cael gwyn deniadol, ond mae'r mathau pinc yn rhy ferfaidd i'm llygad i. Ceir hefyd lafant Ffrengig (*Lavandula stoechas*) sydd â sbrigau blodau hirgrwn gwahanol â rhai petalau'n ymestyn o'r sbrigau fel baneri bychain, ond nid hwnnw yw mor galed â lafant cyffredin a gall ddioddef a marw'n ôl yn ystod gaeaf caled. Mae teim y gegin (*Thymus vulgaris*) yn gwneud llwyn bach taclus, bythwyrdd ac mae'i flodau gwyn neu borffor golau yn dda, ond rhaid adnewyddu hwn o doriadau'n aml hefyd.

Os ydych am dyfu saets (*Salvia officinalis*) man a man i chi dyfu un o'r mathau â dail lliw. Mae gwyrdd saets yn *stoechas*) has different oval flower spikes with some petals extending out of the spikes like little flags but it is not as hardy as common lavender and suffers and dies back in a hard winter. Culinary thyme (*Thymus vulgaris*) makes small, neat, evergreen bushes and its white or mauve flowers are good, but it too needs to be constantly replaced from cuttings.

If you want to grow sage (*Salvia officinalis*) you might as well grow one of the varieties with attractive foliage. Ordinary green sage is itself attractive enough but purple sage (Purpurea) is a splendid addition to a mixed border as well as a formal herb garden. Another variety, 'Icterina', has leaves variegated with yellow splashes. Sage needs plenty

Salvia officinalis *Purpurea*

ddigon deniadol ynddo'i hun ond mae saets porffor (Purpurea) yn ysblennydd ac yn addurn ardderchog mewn border cymysg yn ogystal ag yn yr ardd berlysiau ffurfiol. Math arall yw 'Icterina' sydd â dail wedi'u britho â thasgiadau melyn. Mae eisiau tipyn o lle i lwyn saets, yn enwedig os yw i gynhyrchu'i flodau glas hyfryd.

Planhigyn tebyg i deim yw safri'r gerddi (*Satureja*) ond mae ganddo flas mwy diddorol, ysgafn. Fel llwyn bach mae'r safri lluosflwydd (*Satureja montana*) yn haws ei gynnal na'r safri unflwydd (*Satureja hortensis*). Nid yw'n blanhigyn trawiadol ond mae'n werth ei dyfu os oes lle gennych. Mae isop (*Hyssopus officinalis*) uchod, a ruw (*Ruta graveolens*) yn blanhigion cain, deniadol; isop â sbrigau blodau glas, a ruw â deiliant glaswyrdd prydferth. Tyfais y ddau ond collais hwy mewn gaeaf oer.

of room, especially if it is to produce its lovely blue flowers.

Savoury (*Satureja*) is a similar plant to thyme but it has a lighter, interesting flavour. Making a neat bush, winter savoury (*Satureja montana*) is easier to manage than summer savoury (*Satureja hortensis*). It is not a striking plant but worth growing if you have room. Hyssop (*Hyssopus officinalis*) above, and rue (*Ruta graveolens*) are attractive, elegant plants; hyssop with spikes of blue flowers and rue with beautiful blue-green foliage. I grew both but lost them in a cold winter. The majority of herbs come from Mediterranean countries where the summers are hotter to ripen the wood and the winters milder and less damp. Thus, to succeed with them in Wales you must give them a sunny spot and well drained soil. More are lost from sitting in wet soil than through low temperature.

Mae'r rhan fwyaf o'r perlysiau'n deillio o wledydd Môr y Canoldir, ble mae'r hafau'n fwy tesog i aeddfedu'u pren a'r gaeafau'n fwynach a sychach. Felly, er mwyn llwyddo yng Nghymru rhaid rhoi safle heulog iddynt a phridd sy'n draenio'n dda. Collir mwy ohonynt yma drwy eistedd mewn pridd gwlyb na thrwy oerfel.

Origanum vulgare

Satureja montana

Does gan y benrhudd (*Origanum vulgare*) mo'r fath broblem, na'r cor-rosyn (*Helianthemum nummularium*), na'r wiberlys (*Echium vulgare*), sy'n gynhenid i'r creigleoedd calchaidd sy'n brigo o amgylch maes glo de Cymru. Mae'n ddigon gwydn ac yn tyfu'n gryf mewn unrhyw bridd; gellir ei dyfu mewn border o blanhigion lluosflwydd yn effeithiol iawn os cewch afael ar un â blodau â lliw digon dwfn (mae porffor ambell un bruidd yn lerlaidd). Mae gan fath defnyddiol arall o'r benrhudd flodau gwyn a dail melyn; dyma blanhigyn ardderchog ar gyfer ymyl llwybr. Penrhudd yw *oregano* y siopau, sy'n gysylltiedig â choginio Môr y Canoldir; mae'n syndod felly darganfod ei fod yn gynhenid ac yn gartrefol yn ein gwlad a'n gerddi!

Mae gan nifer o'r perlysiau ddeiliant arbennig. Er mwyn llenwi cornel gysgodol, mae gan y greithig bêr (*Myrrhis odorata*) ddail rhedynog, melys, a blas anis arnynt, ynghyd â blodau gwyn hyfryd tebyg i'r gorthyfail (*Anthriscus sylvestris*) yn y gwanwyn. Mae'n blanhigyn cydnerth ac felly gwell ei gadw draw oddi wrth blanhigion mwy eiddil rhag iddo'u mygu! Aelod cydnerth arall o deulu'r moron yw ffenigl (*Foeniculum vulgare*), a'i ddail meddal wedi'u rhannu'n fân fân fel nodwyddau. Mae'r ffurf werdd gyffredin yn ddigon del ond mae'r math lliw efydd yn olygus iawn. Gall dyfu mor dal â phum

No such problem with marjoram (*Origanum vulgare*) that, like rock-rose (*Helianthemum nummularium*) and viper's bugloss (*Echium vulgare*), is native to the rocky places around the south Wales coalfield. It is hardy enough and grows strongly in any soil; it can be grown effectively in a border of hardy perennials but try and obtain one with a deep colour (the purple of some is rather insipid). There is another variety of marjoram with white flowers and yellow leaves, an excellent plant for edging the path. Marjoram is the oregano of commerce, which is associated with Mediterranean cooking; surprising therefore to find it is native and at home in our land and gardens!

Many herbs have notable foliage. For shade, sweet Cicely (*Myrrhis odorata*) has ferny, sweet, aniseed-flavoured leaves and lovely white flowers like hedge parsley (*Anthriscus sylvestris*) in spring. It is a robust plant that should be kept away from less vigorous plants it could swamp. Another robust member of the carrot family is fennel (*Foeniculum vulgare*) with finely-divided needle-like leaves. The ordinary green form is pretty enough but the bronze-leaved one is very handsome. It can grow to five feet so give it plenty of room. Both sweet Cicely and fennel seed prodigiously so beware. A smaller but equally vigorous herb is lemon balm (*Melissa officinalis*).

Thymus x citrodorus, Melissa officinalis

Myrrhis odorata

Foeniculum vulgare, Kniphofia sp.

Tanacetum vulgare

troedfedd, felly rhowch ddigon o le iddo. Mae'r greithig a'r ffenigl yn hadu'n hael, felly byddwch yn ofalus. Planhigyn llai ond yr un mor rhemp yw balm lemwn (*Melissa officinalis*). Mae'r blodau gwyn yn ddigon di-nod ond mae sawr ffres y dail yn arbennig, a gwneir te adnewyddol ohonynt.

Mae gan y wermod (*Artemisia absinthum*), ddeiliant da hefyd, yn we arian lwydwyrdd. Erbyn iddi flodeuo, mae hon yn dal hefyd, ond di-nod yw'r blodau – y deiliant yw'r peth. Mae eu blas yn ddiarhebol chwerw a gwneir y ddiod ddrwg-enwog absinth ohonynt. Fel y wermod, mae tansi (*Tanacetum vulgare*) yn perthyn i deulu'r llygad-y-dydd ac mae gan hon hefyd ddail chwerw, ond gwyrdd tywyll y tro hwn. Yn ogystal â deiliant deniadol, mae gan dansi flodau melyn fel botymau bach sy'n addas yn y border lluosflwydd. Gellir bwyta dail suran-y-cŵn (*Rumex acetosa),* sydd â siap saeth, mewn salad. Mae'n perthyn yn agos i ddail tafol ac yn edrych yn debyg iddynt. Bydd yn tyfu'n dalach mewn gerddi nag ar y weirglodd ble bydd y blodau'n creu niwl browngoch. Cewch fwy o ddail i'r salad wrth atal y blodau, ond rhowch ei ben iddo a bydd yn gefndir da i flodau mwy llachar.

The white flowers are insignificant but the fresh smell of the leaves is special and a refreshing tea can be brewed from them.

Wormwood (*Artemisia absinthum*) too has good foliage, a grey-green web of silver. This one is tall too by the time the flowers are produced; they aren't up to much, the foliage is the thing. Their taste is proverbially bitter and they are used to make the notorious spirit absinthe. Like wormwood, tansy (*Tanacetum vulgare*) belongs to the daisy family and it too has bitter leaves but green this time. In addition to attractive foliage, tansy also has yellow button-like flowers and is suitable for a place in the perennial border. Good in salads, sorrel (*Rumex acetosa*) has arrow-shaped leaves. It is closely related to dock and they look alike. It grows taller in gardens than in the meadows where its flowers create a rusty mist. If you stop the flowers you will get more leaves produced for your salads but let it flower and it is a good background for more showy flowers.

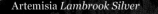
Artemisia *Lambrook Silver*

Pennod 12

Bylbiau

Mae bylbiau a chormau'n ddefnyddiol mewn gerddi bychain oherwydd gellir eu ffitio rhwng y plannu parhaol er mwyn ymestyn y tymor o ddiddordeb. Er bod yna fylbiau mewn blodau gydol y flwyddyn, cysylltir nhw amlaf â'r gwanwyn, ac ar gyfer y gwanwyn y plennir nhw gan fwyaf. Credaf eu bod ar eu gorau o'u defnyddio mewn ffordd anffurfiol mewn gardd fwthyn. Mae rhesi o diwlipau fel milwyr ar barêd, a chennin Pedr unigol wedi'u mesur i'w lle, yn groes i'r naturioldeb a'r ffresni sy'n rhan o ledrith y tymor. Gwnewch yn siŵr eich bod yn prynu bylbiau sy'n gadarn a chaled wrth eu gwasgu yn eich llaw, ac yn rhydd o unrhyw lwydni, a byddwch bron yn sicr o lwyddiant

Chapter 12

Bulbs

Bulbs and corms are useful in a small garden because they can be fitted in amongst the permanent planting to extend the season of interest. Although there are bulbs flowering at all times of year they are chiefly associated with spring and it is for spring that they are most extensively planted. I think they are best used informally in a cottage garden. Rows of tulips like soldiers on parade and single daffodils with measured distance in between go against the naturalness and freshness that is part of the season's magic. Take care to buy bulbs that are strong and firm to the touch without any signs of mildew and you are almost certain of success with the common sorts. If you want then to come up year

gyda'r mathau cyffredin. Os ydych am geisio'u cadw o flwyddyn i flwyddyn, gwrteithiwch nhw adeg blodeuo fel y byddant yn creu bylbiau newydd digon cadarn i gynhyrchu blodau y flwyddyn ganlynol. Gadewch i'r dail farw'n ôl yn naturiol er mwyn i'r maeth ddychwelyd i'r bwlb. Os credwch fod hynny'n edrych yn hyll, plannwch nhw ymysg planhigion y bydd eu tyfiant yn codi o'u hamgylch i'w cuddio.

Cychwyn traddodiadol y tymor yw'r lili wen fach neu'r eirlys (*Galanthus nivalis*) gobeithlon cyntaf. Dylid eu gweld ym mhob gardd werth chweil, medd y llyfrau. Digon teg, ond er mawr siom i mi nid ydynt yn ffynnu yn fy ngardd i gan nad ydynt yn hoffi'r pridd ysgafn. Os oes clai gennych, efallai y cewch well lwc. Ble

after year, fertilise them as they flower so that they make new bulbs strong enough to produce flowers the next year. Let the leaves die back naturally so that the nutrient returns to the bulb. If you think they are unsightly, plant them amongst plants whose emerging growth will rise up and hide them.

Traditionally the year begins with the first hopeful snowdrop (*Galanthus nivalis*). The books say they should be in any worthwhile garden. Fair enough, but to my chagrin they don't thrive in my garden as they don't like light soil. If you have clay, therefore, you'll have better luck. Where they do thrive they often thrive tremendously and make carpets of pure white bells above glaucous leaves. But whatever your soil, don't waste your

Galanthus nivalis

Narcissus *'February Gold'*, Hyacinthus *'Carnegie'*

bynnag maent *yn* llwyddo, maent yn aml yn llwyddo'n aruthrol, gan greu carped o glychau gwynion pur uwchben y dail llwydwyrdd. Ond beth bynnag fo eich pridd, peidiwch â gwastraffu eich arian ar fylbiau sych. Y siawns orau i'w sefydlu yn yr ardd yw eu plannu 'yn y gwyrdd', naill ai wrth brynu potiau o blanhigion yn eu blodau neu drwy ofyn i ffrind a chanddo ddigon i'w rhannu am rai o'i glystyrau yntau wrth i'r blodau wywo. Dyma sut y llwyddais innau i gael ambell un o'r blodau bach annwyl hyn i godi fy ysbryd yn gynnar yn y flwyddyn. Mae rhai garddwyr yn mynd dros ben llestri am fathau prin o eirlysiau: rhai â phatrymau gwahanol i'r smotiau gwyrdd neu felyn, neu rai sy'n tyfu'n uwch, neu'n is, neu'n fwy llwydwyrdd, neu â dail lletach! Gelwir nhw'n 'galanthophiles'. I'm llygad i, nid oes llawer i'w ddewis rhyngddynt, ac mae'r mathau cyffredin cystal ag unrhyw un.

Hyd yn oed heb Wordsworth, mae'n siŵr y byddai'r cennin Pedr (*Narcissus*) ar restr ffefrynnau'r mwyafrif, ac wrth gwrs, i ni'r Cymry maent yn symbol cenedlaethol. Mewn gardd fechan mae mathau sy'n deillio o'r *Narcissus pseudonarcissus* gwyllt neu o *Narcissus cyclaminaeus* yn fwy addas am eu bod yn llai. Maent i gyd yn bert iawn, yn ffitio i gorneli bychain, yn gwrthsefyll y tywydd yn well ac yn creu llai o ddeiliant i farw'n anniben yn ddiweddarach. Hefyd maent yn blodeuo'n gynt na'r rhai

money on dry bulbs. The best chance of establishing them is to plant them 'in the green', either by buying pots of bulbs in flower or persuading a friend with plenty to split some of their clumps as the flowers fade. This way I have succeeded in getting some of the dear little flowers to raise my spirits early in the year. Some gardeners go crazy about rare varieties with different patterns in the spots in green or yellow, or grow taller, or shorter, or have greyer leaves, or broader leaves! They are called 'galanthophiles'. To my mind there is little to choose between them and the ordinary, common kind is as good as any.

Even without Wordsworth, I'm sure that daffodils (*Narcissus*) would be on most people's list of favourites, and of course they are our national emblem. In a small garden, the kinds arising from the wild *Narcissus pseudonarcissus* or from *Narcissus cyclaminaeus* are more in keeping with the garden as they are smaller. They are all very pretty, fitting into small corners and standing up better to the weather, and they make less foliage to die messily later. They also flower earlier than the taller ones

talach ar y cyfan – felly byddwch yn sicr o gael blodyn i'w wisgo ar ddydd Gŵyl Dewi! Rwy'n tyfu'r canlynol yn gyson: *Narcissus* 'February Gold' (blodau melyn i gyd, cynnar iawn), *Narcissus* 'Tête-â-tête', (bychan iawn, ac yn aml ag efeilliaid o flodau melyn ar un brigyn; hwn yw'r un sydd wedi ymsefydlu orau gyda mi), *Narcissus obvallaris* (cennin Pedr Dinbych-y-pysgod, blodau cryno, del, melyn dwfn), *Narcissus* 'Jack Snipe' (rhywfaint yn hwyrach yn blodeuo, petalau hufen a thrwmped lliw lemwn). Nid yw cennin Pedr yn ymgartrefu'n dda yn fy ngardd i chwaith, efallai eto am fod y pridd yn rhy ysgafn, ac mae'r pryf hofran, sy'n difa'r bylbiau, yn gyffredin iawn yma hefyd. Ond mae hi'n werth plannu bylbiau ychwanegol bob hydref er mwyn bod yn sicr o sioe yn y gwanwyn. Os oes gennych berllan neu ddarn o dir glaswelltog ar y llaw arall, gallwch brynu nifer o'r mathau mwy cydnerth fel 'King Arthur', 'Carlton' neu 'Golden Harvest' yn rhad iawn i ymgartrefu yn y gwair. Mae 'Mount Hood' yn hufen golau, 'Ice Follies' yn wyn â thrwmped lemwn ac 'Actea' yn wyn â thrwmped oren byr. Pa fath bynnag y tyfwch, rhaid gadael i'r dail farw'n ôl cyn torri'r glaswellt i roi cyfle i'r maeth ddychwelyd i'r bwlb er mwyn cael unrhyw obaith am sioe werth chweil y flwyddyn ddilynol.

Blodau traddodiadol eraill yr ardd wanwyn yw'r tiwlip (*Tulipa*), y rhai

on the whole and you can be sure to get a button-hole to wear on St David's Day! I grow the following constantly: *Narcissus* 'February Gold' (flowers all yellow, very early), *Narcissus* 'Tête-â-tête' (very small and often with twin yellow blooms on the stem, this is the best naturaliser with me), *Narcissus obvallaris* (the Tenby daffodil, with compact, pretty, deep-yellow flowers), *Narcissus* 'Jack Snipe' (flowering somewhat later, cream petals and lemon trumpets). Daffodils don't naturalise well in my garden, again perhaps because the soil is too light, but also the narcissus fly that eats the bulbs is common here. However, it is well worth planting additional bulbs to top up every autumn and ensure a good show in spring. On the other hand, if you have an orchard or large grassy plot, you can buy lots of more robust varieties such as 'King Arthur', 'Carlton' or 'Golden Harvest' very cheaply to naturalise in the grass. 'Mount Hood' has light cream flowers, 'Ice Follies' is white with lemon trumpets, and 'Actea' is white with a short orange trumpet. Whatever kind you grow you must let the leaves die back before the grass is cut, so that the goodness returns to the bulb, to have any hope of a successive show next year.

Another traditional flower of the spring garden is the tulip (*Tulipa*), the

Narcissus *'Tête-â-tête'*

Narcissus obvallaris

Narcissus *'Ice Follies'*

Tulipa *'Apeldoorn'*

Tulipa 'White Triumphator'

Tulipa 'Daydream'

Tulipa 'Coleur Cardinal'

Tulipa 'Uncle Tom'

Tulipa 'Groenland'

Tulipa 'Burgundy'

Tulipa 'Hemisphere'

cynnar yn dechrau ar ddiwedd Mawrth a thiwlipau Darwin yn para hyd ddiwedd mis Mai. Er eu bod yn cael eu defnyddio'n helaeth mewn plannu ffurfiol, gwell gennyf eu tyfu wedi'u gwasgaru'n anffurfiol ymysg planhigion a bylbiau eraill. Dywedir fod yn rhaid eu plannu'n ddwfn, y tu hwnt i gyrraedd malwod, i gael y cyfle gorau o'u cadw o flwyddyn i flwyddyn, ond yn fy mhrofiad i, siomedig yw'r sioe ar ôl y blodeuo cyntaf. Gwell gen i eu trin fel planhigion unflwydd a phlannu bylbiau newydd bob hydref. Mae 'na gannoedd o fathau i ddewis ohonynt ac maent i gyd yn flodau cain a lliwgar nad oes eu gwell i lanw'r ardd â rhamant yn y gwanwyn gan gyrraedd eu pegwn ym mis Ebrill. Mae fy ffrind coleg, Michael King, wedi ysgrifennu cyfrol awdurdodol amdanynt i'n harwain trwy'r gwahanol fathau ac awgrymu enghreifftiau i'w plannu; mae'r llyfr hefyd yn grwpio'r mathau yn ôl eu lliwiau. Rwyf yn hoff o'r pinc a'r coch yn bennaf, ond eto caf fy swyno beunydd gan liwiau fel oren a melyn. Yn fy ngardd i mae'n bwysig fod y mathau rwy'n eu tyfu'n ddigon tal i ymestyn uwchben yr holl dyfiant sy'n datblygu o'u cwmpas. Mae tiwlipau'n dod o lefydd sych yn y Dwyrain Canol ac felly nid ydynt yn hoff o eistedd mewn lleithder; pridd sy'n draenio sydd orau. Maent hefyd yn gwerthfawrogi lleoliad agored yn yr haul; plannwch y rhai lleiaf ar flaen y border lle gall y bylbiau bobi yn ei wres.

earliest starting at the end of March and the Darwin tulips lasting through May. Though they are extensively used in formal planting, I prefer to see them scattered informally amongst other plants and bulbs. It is said that they must be planted deeply, beyond the reach of slugs, for the best chance of keeping them from year to year, but in my experience the show is always disappointing after the first flowering. Better in my view to consider them annuals and plant new bulbs each autumn. There are hundreds of varieties to choose from and they are all beautiful and colourful flowers that can't be bettered to fill the garden with romance in the spring, reaching their peak in April. My college pal, Michael King, has written an authoritative volume about them that leads us through the different types and suggests examples for planting; the book also groups the varieties according to colour. I chiefly love the pinks and reds, and yet am continuously charmed by the yellows and orange. In my garden it is important to grow varieties tall enough to extend above the emerging growth around them. Tulips come from arid places in the Middle East and therefore they do not like to sit in wet soil; well-drained soil is best. They appreciate an open situation in sun; plant the smallest at the front of the border where the bulbs can bake in its warmth.

Dyma rai rwyf i wedi eu tyfu. Gan fy mod yn hoffi tiwlipau coch mae'n anodd gwella ar 'Apeldoorn', hen fath Darwin sy'n tyfu'n dal a chanddo flodau lluniaidd ar ddiwedd Ebrill. Yn llai o daldra mae coch dwfn ysblennydd 'Coleur Cardinal' yn ei wneud yn ffefryn mawr ond gall fynd ar goll ymysg y tyfiant, felly mae'n hawlio lle agored arbennig iddo'i hun. Tebyg hefyd yw 'Oscar', fel yr un blaenorol yn diwlip Triumph coch sy'n blodeuo ynghanol tymor y tiwlipau. Mae gan 'Uncle Tom' flodyn dwbl coch moethus ond eto mae angen lle agored arno gan ei fod yn blodeuo'n hwyr yn y tymor ac yn mynd ar goll braidd yn y tyfiant. Dwbl ac isel hefyd yw 'Angelique', yn binc a del ond yn rhy ferchetaidd i'm blas i! Mae'r tiwlipau Darwin yn hwyrach yn blodeuo, ac un o'r olaf i wneud yw 'Queen of Night', sy'n borffor mor dywyll mae bron yn ddu; blodyn ardderchog ond yn anffodus yn mynd ar goll yn y cysgodion heb gwmni tiwlip ysgafnach ei liw fel 'Shirley'. Dywedais i mi gael fy swyno gan ambell diwlip melyn: dyna fy mhrofiad â 'Daydream'. Cefais fag o fylbiau maint fy nwrn yn anrheg o Amsterdam gan Michael a blodeuon nhw am bum mlynedd gan gynhyrchu blodau mawr oedd yn dechrau'n felyn ac yn troi'n oren wrth iddyn nhw aeddfedu ac agor – gwefreiddiol! Mae tiwlipau *Viridiflora* a stribedi gwyrdd yng nghanol y petalau yn rhoi effaith

Here are some I have grown. As I like red tulips, it is difficult to better the old Darwin variety 'Apeldoorn' with its shapely red flowers at the end of April. The deep splendid red of 'Coleur Cardinal' makes it a great favourite, but being shorter it can get lost amongst the vegetation and so demands a more open situation. Similar is 'Oscar', like the former a red Triumph flowering in the middle of the tulip season. 'Uncle Tom' has a rich double red flower but again needs an open position as it flowers late and is easily lost in the vegetation. 'Angelique' is also double and short and of a lovely pink, but too 'girly' for my taste. Darwin tulips flower later, and one of the last to do so is 'Queen of Night', a purple so deep it is almost black; a splendid flower but one that gets lost in the shadows unless planted with a lighter variety like 'Shirley'. I said I was charmed by some yellows; that is what happened with 'Daydream'. I was given a bag of fist-sized bulbs by Michael as a present from Amsterdam and they lasted for five years producing large flowers that start yellow and turn orange as they mature and open, amazing! *Viridiflora* tulips with a green stripe down the middle of the petals give a very decorative effect; I am very fond of 'Spring Green' (white and green) and 'Groenland' (deep pink and green). A fairly new variety of tulip is 'Hemisphere' that varies from flower

Tulipa *Red Shine*

Crocus *Dutch Hybrids*

addurniadol iawn; rwy'n hoff iawn o 'Spring Green' (gwyn a gwyrdd) a 'Groenland' (pinc dwfn a gwyrdd). Math gweddol newydd o diwlip yw 'Hemisphere', sy'n amrywio o flodyn i flodyn, rhai yn wyn, rhai yn gochbinc a rhai'n stribedog mewn gwahanol gyfuniadau o'r ddau lliw. Pert iawn! Mae ffurf tiwlipau blodau lili, gyda'u petalau pigfain, yn ddeniadol dros ben; mae 'White Triumphator' yn wyn glân perffaith, yn sefyll ar ei ben ei hun neu mewn gwrthgyferbyniad â lliwiau eraill fel 'Burgundy'. Ond fy hoff diwlip ohonynt i gyd yw 'Red Shine', sy'n blodeuo tua diwedd y tymor ac yn berffaith ei ffurf a'i liw.

Criw siriol arall mae'r crach yn dueddol o fod yn ddirmygus ohonynt yw'r saffrwm (*Crocus*). Mae'r rhywogaethau'n wirioneddol hyfryd, a does gen i ddim dadl â'r canmol cyffredinol ohonynt. Ond rwy'n casáu'r dirmyg a roddir i'r 'bechgyn tew' hynny, y croesrywiau Iseldirol, sy'n tyfu'n gydnerth, yn rhwydd ac yn siriol. Maent yn hawdd eu darganfod ac yn rhad i'w prynu, ardderchog felly i'r ardd fwthyn. Efallai ei bod hi'n well cadw'r rhai melyn ar wahân i'r porffor a'r gwyn, ond yng ngwanwyn yr ardd fwthyn mae cymysgwch ansoffistigedig yn bleser pur. Fy ffefryn pennaf yw 'Pickwick' a'i stribedi o borffor a phorffor golau, ond does dim un o liwiau'r saffrwm yn

to flower, some white, some pinky-red, others striped with varying combinations of the two colours. Very pretty! The form of lily-flowered tulips with their pointed petals is most attractive; 'White Triumphator' is a perfect pure white that stands alone or contrasts well with other colours like 'Burgundy'. But my favourite tulip of all is 'Red Shine', flowering towards the end of the season and perfect in form and shape.

Crocuses (*Crocus*) are a cheery lot that posh gardeners tend to despise. The species crocus are indeed lovely and I've no quarrel with the general praise of them. But I hate the snobbery about the 'fat boys', the Dutch hybrids, which grow strongly, easily and cheerfully. They are excellent for the cottage garden as they are easy to find and cheap to buy. Perhaps it is better to separate the yellow from the purple and white, but in the spring of a cottage garden, an unsophisticated mixture is pure pleasure. My greatest favourite is 'Pickwick' with its stripes of mauve and purple, but no crocus colour jars. As they are little people, plant them at the edge of borders or along paths, and in sun, or their vase-like flowers

Hyacinthus *'Ostara'*

Hyacinthus *'Carnegie'*

gwrthdaro. Gan eu bod yn gorachod bach o flodau, plannwch hwynt ar flaen y borderi neu ar ymyl y llwybrau, ac yn yr haul, neu fydd y ffiolau blodau byth yn agor. Maent yn ymgartrefu'n dda mewn glaswellt, dim ond i chi gofio'i adael heb ei dorri nes bod dail y saffrwm wedi marw'n ôl. Cofiaf yn dirion am saffrwm yn tyfu felly o gwmpas campws fy hen brifysgol yn Abertawe. Mae saffrwm yn blodeuo cyn y cennin Pedr, ym mis Chwefror yma yn y de, ac maent yn rhan annatod o gylch y flwyddyn i mi.

Mae'r hiasinth (*Hyacinthus orientalis*) yn fwlb mawr, costus, pendefigaidd sy ddim yn ffitio'n rhwydd mewn gardd fwthyn. Mae'r sbrigau blodau dwys, ffug yr olwg, braidd yn drwm i ysgafnder

won't open. They naturalise well in grass as long as you remember not to mow before the crocus leaves have died back. I have fond memories of crocus growing like this around my old university in Swansea. Crocus flower before the daffodils, in February here in the south, and are an essential part of the cycle of the year to me.

The hyacinth (*Hyacinthus orientalis*) is a large, expensive, aristocratic bulb that doesn't fit into a cottage garden easily. The dense artificial flower spikes are a little heavy for the light atmosphere of spring. Their opulence is used to best advantage in pots near the house where their heady scent can be appreciated. Though the bulbs are expensive they

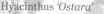

ysbryd y gwanwyn. Mae ei foethusrwydd yn fwyaf addas ar gyfer potiau gerllaw'r tŷ ble gall ei berarogl arbennig gael ei werthfawrogi. Er bod y bylbiau'n ddrud, maent yn goroesi'n dda o flwyddyn i flwyddyn, felly mae buddsoddiad gweddol yn gwobrwyo'n dda. Rwyf o'r farn mai gwell yw tyfu'r boneddigion hyn mewn grwpiau unlliw; mae glas tywyll 'Ostara' yn ffefryn ond mae 'Jan Bos' yn binc delfrydol hefyd. Allan yn yr ardd rwyf wedi tyfu ambell un gwyn ('Carnegie' neu 'Aiolos') ymysg y cennin Pedr melyn ac mae'r ddau'n cyferbynnu'n dda ac yn gweddu i'w gilydd. Dros y blynyddoedd mae sbrigau'r hiasinth yn mynd yn llai

survive well from year to year so that a reasonable investment will be well rewarded. I think it best to grow bulbs of such distinction as groups of single colour; the deep blue 'Ostara' is a favourite and 'Jan Bos' a desirable pink. Out in the garden I grow an occasional white one ('Carnegie' or 'Aiolos') amongst the yellow daffodils, the two contrasting well and complementing each other. Over the years the hyacinth spikes become less dense and more appropriate to the cottage garden spirit. This is a splendid bulb that needs to be used judiciously, but certainly worth a place for its fragrance alone.

Muscari armeniacum

dwys ac yn fwy addas i ysbryd yr ardd fwthyn. Bwlb ysblennydd i'w ddefnyddio'n ofalus, felly, ond yn ddiau yn werth ei le am ei bersawr yn unig.

Mae sosin bach glas (*Muscari armeniacum*) yn gymeriad cwbl wahanol, yn llawer mwy gwerinol ac yn rhwyddach i'w gymysgu gydag eraill yn yr ardd. Mewn rhai gerddi gallant fod yn niwsans drwy hadu ymhobman ond hyd yn hyn maent wedi ymddwyn yn weddus yn fy ngardd innau. 'Grape hyacinth' yw'r enw Saesneg ac yn wir mae'r sbrigau blodau yn debyg i glwstwr o rawnwin ond yn fwy glas eu lliw. Edrychant yn dda iawn yn cyferbynnu â chennin Pedr melyn a thiwlipau coch a phinc. Gan eu bod yn fyr o daldra, gosodwch hwynt ar flaen y border, ac maent yn blodeuo'n well yn yr haul.

Mae clychau'r gog neu glychau glas (*Hyacinthoides*) yn hwyrach yn blodeuo na'r rhai blaenorol, ac fel arfer yn eu gogoniant ym mis Mai, ond mae eu trwynau trwy'r ddaear gyda'r cyntaf yn fy ngardd i. Yn y mwyafrif o erddi y clychau glas Sbaenaidd (*Hyacinthoides hispanica*) yw'r mwyaf cyffredin, neu rai sydd wedi croesrywio gyda'r clychau glas cynhenid (*Hyacinthoides non-scripta*). Maent yn fwy o faint na'r rhai cynhenid, a'u dail yn lletach o lawer; mae'r blodau'n las mwy golau a'u brigellau'n las nid melyn. Wrth i'r blodau aeddfedu ar y sbrigau, mae agoriad y

The grape hyacinth (*Muscari armeniacum*) is a different character altogether, less patrician in character and easier to mix with other bulbs. They can make a nuisance of themselves seeding around in some gardens but so far they have been well behaved in mine. Their English name reflects their appearance as the flower spikes do look like bunches of grapes but bluer in colour. They look fine contrasted with yellow daffodils and pink or red tulips. As they are short, place them at the front of the border, and they flower best in sun.

Bluebells (*Hyacinthoides*) flower later than the foregoing, usually in their glory in May, but the bulbs' noses are out of the soil with the first in my garden. In the majority of gardens Spanish bluebells (*Hyacinthoides hispanica*) or their hybrids with native bluebell are most common. They are much beefier than the native bluebells (*Hyacinthoides non-scripta*) with much broader leaves, their flowers are a lighter blue and the stamens blue not yellow. As the flowers mature on the spikes the opening of the bell faces outwards and the end of the spike is erect (the spike of the native flower is

Hyacinthoides hispanica

gloch yn wynebu allan a phen y sbrigyn yn sefyll yn syth (bydd sbrigau'r blodyn cynhenid yn nodio bob amser a'r clychau wastad yn hongian). Does dim o'i le ar glychau Sbaenaidd, ond yn ddiweddar mae pryder wedi codi y byddant yn fygythiad i'r clychau glas cynhenid gan eu bod yn croesrywio mor rhwydd gyda nhw ac felly'n heintio purdeb y pwll genynnol. Mae'n well felly peidio â'u

always nodding and the flowers always hang down). There is nothing wrong with Spanish bluebells but lately there has been concern they could become a threat to native bluebells because they hybridise so readily and the purity of the gene pool is polluted. Better then not to grow them, especially if your garden is within reach of wild ones. If, like me, your garden is already full of them it

tyfu, yn enwedig os yw eich gardd o fewn cyrraedd rhai gwyllt. Os yw eich gardd, fel fy un i, eisoes yn llawn ohonynt, bydd hi bron yn amhosib eu difa, felly mwynhewch y sioe ond byddwch yn ofalus wrth waredu'r bylbiau a chadwch nhw o dan reolaeth. Maent yn olygfa ardderchog ond ddim i'w cymharu â chlychau glas cynhenid yn y perthi a'r coed. Mae nawr yn bosib prynu'r bylbiau cynhenid sydd wedi eu magu mewn meithrinfedd fel na fydd eu prynu'n fygythiad i'r rhai gwyllt. Os ydych am ddechrau tyfu clychau glas, rhai cynhenid o darddiad dibynadwy amdani.

Llai o lawer, ond yn debyg, yw seren Siberia (*Scilla sibrica*) a'i chlychau glas tywyll dwys. Mae'n bleser i'w gweld bob amser ond nid yw'n goroesi'n hir gyda fi. Mae lili las yr eira (*Chinodoxa*) a'i sêr glas yn dychwelyd yn rheolaidd bob blwyddyn yn fy mhrofiad i a phrydferth iawn yw hi

will be impossible to get rid of them so enjoy the show and be careful when you dispose of bulbs and keep them under control. They make a splendid show but it is not to be compared to that of native bluebells in the hedges and woodlands. It is now possible to buy native bulbs raised in nurseries so that buying them will not threaten wild populations. If you wish to grow bluebells for the first time get the native ones from a reliable source.

Siberian squill (*Scilla sibrica*) is similar but much smaller and its bells are a darker blue. Always a pleasure to come across but it doesn't survive long in my garden. Glory-of-the-snow (*Chinodoxa*) returns every year reliably

Chinodoxa sp.

Leucojum aestivalis

hefyd. Mae ei glesni'n cipio fy anadl bob tro. Mae seren Fethlehem (*Ornithogalum umbellatum*) yn ennyn casineb am ei bod yn lledu mor rhwydd ond nid wyf wedi cael trafferth gyda hi. Mae'r clystyrau o sêr gwyn yn rhoi pleser bob mis Mai, ond unwaith eto gofalwch fod digon o haul i'r blodau agor. Mae eiriaidd y gwanwyn (*Leucojum vernum*) yn debyg i lili wen fach, ac yn blodeuo'r un pryd â hi, ond mae eiriaidd yr haf (*Leucojum aestivalis*) yn tyfu'n dalach ac yn blodeuo yn Ebrill a Mai (prin yn yr haf!). Tyfaf yr ail mewn pant a adawyd gan hen bwll dŵr, ac mae wedi rhoi pleser dibynadwy am flynyddoedd. Mae'n tyfu'n wyllt mewn ambell le ar lannau afon Tafwys ymysg yr helyg. Rhaid iddi gael lleithder, felly, ac nid yw'n perfformio'n dda mewn pridd cyffredin.

in my experience and very lovely it is too. It has the kind of blue that catches one's breath. Star-of-Bethlehem (*Ornithogalum umbellatum*) is despised for spreading so easily but it doesn't trouble me. The clumps of white stars in umbels give pleasure every May, but once again, make sure they are in enough sun to let the flowers open. Spring snowflake (*Leucojum vernum*) is similar to, and flowers the same time as the snowdrops but summer snowflake (*Leucojum aestivalis*) is much taller and flowers in April and May (hardly summer!). I grow the second in an old pond filled with earth and it has given dependable pleasure for years. It grows wild in a few places along the Thames amongst the willows. It needs moisture, therefore, and doesn't perform well in ordinary soil.

Ornithogalum umbellatum

Mae'r *Allium*, y wynwyn addurnol (canys dyna beth ydynt) yn llai traddodiadol ac yn blodeuo'n bennaf yn yr haf. Sut bynnag, mae eu ffurf a'u lliwiau (porffor neu binc gan amlaf) yn gweddu'n dda i olygfa gardd fwthyn. Ceir rhai bychan iawn ar gyfer blaen y border yn yr haul, fel *Allium moly* (melyn) ac *Allium ostrowskianum* (pinc dwfn). *Allium hollandicum* 'Purple Sensation' yw'r ffefryn ar hyn o bryd, yn clymu tymor y clychau glas a dyfodiad y rhosod ym Mai a Mehefin. Mae'r blodau fel ffrwydrad o sêr sy'n cyd-fynd yn rhagorol â lliwiau eraill y tymor ac mae'r codau had yn sychu'n addurniadol. Ceir mathau gwyn hefyd. Mae *Allium sphaerocephalon* yn blodeuo ym mis Gorffennaf; mae ganddo sbrigau blodau coch-borffor tywyll siâp ffyn curo drwm, ac mae'n ddefnyddiol iawn

Allium, the ornamental onions (for that is what they are), are less traditional and flower mainly in summer. However, their form and colours (chiefly purple and pink) fit well in the cottage garden scene. There are little ones for the front of the border, like *Allium moly* (yellow) and *Allium ostrowskianum* (deep pink). *Allium hollandicum* 'Purple Sensation' is my current favourite, linking the bluebell season with the advent of the roses in May and June. The flower-heads are like a starburst and go well with the season's other colours, and the seed heads dry decoratively. There are white varieties too. *Allium sphaerocephalon* flowers in July; it has drumstick-shaped flower spikes of deep red-purple and is useful for planting amongst other plants as the dramatic spikes extend up

Allium *'Purple Sensation'*

Allium sphaerocephalon

Allium triquetrum

Allium moly

i'w blannu ymysg planhigion eraill gan fod y sbrigau trawiadol yn codi uwchben y tyfiant. Gair o rybudd am *Allium triquetrum* sydd â chlychau gwynion digon prydferth. Cefais fy nharo ganddynt yn Sioe Chelsea unwaith, ac archebais hanner dwsin o fylbiau a'u plannu'n ddiniwed iawn. Maent yn lledu trwy had a mân fylbiau nes cymryd drosodd. Rwyf wedi'u cadw o fewn terfynau yn fy ngardd i, ond er mawr gywilydd i mi maent fel pla o chwyn dros ardd lysiau drws nesaf! Maent yn bert iawn ym mis Mai ac yn gyferbyniad da i blanhigion eraill ond ddim yn werth y drafferth. Deallaf fod eraill o'r teulu lawn mor rhemp, felly cymerwch ofal. Gyda llaw, mae cennin syfi, a drafodwyd gyda'r perlysiau, hefyd yn *Allium*.

above their growth. A word of warning about *Allium triquetrum* which has pretty enough white bells. I was struck by them once in the Chelsea Flower Show, obtained half a dozen bulbs and innocently planted them. They spread through seed and tiniest bulblets until they take over. I have kept them in check in my own garden but to my shame they have become a pernicious weed all over next door's vegetable patch! They are very attractive in May and a lovely contrast with other things but really not worth the trouble. There are others of the genus that are equally rampant I understand so take care. By the way, chives, dealt with under herbs, is also an *Allium*.

Lilium martagon

Lilium regale

Lilium *'Golden Splendour'*

Mae prydferthwch y lilïau (*Lilium*) go iawn yn ddiarhebol, a'u ceinder yn ysbrydoliaeth i feirdd a garddwyr. Yn wahanol i fylbiau eraill, blodeuant yn yr haf a thyfant lawer yn dalach na'r bylbiau eraill. Lili'r Forwyn (*Lilium candidum*) yw'r math traddodiadol ac mae'n eithriadol gan ei bod yn ffynnu mewn pridd tlawd alcalïaidd. Fe'i gwelir yn aml mewn lluniau crefyddol ond ble gall y tyddynnwr ei phrynu? Ni welais hi ar werth yn un siop na chatalog. Prin hefyd yw capan-y-Twrc (*Lilium martagon*) a fyddai'n addas a del ymysg perthi'r ardd fwthyn. Mae'r lili frenhinol (*Lilium regale*) yn ddigon rhwydd dod o hyd iddi, ac er ei bod yn newydd yn nhraddodiad yr ardd fwthyn, mae'n eilydd da i'r Forwyn a chanddi wrid lliw gwin y tu allan i'w thrwmpedi gwynion. Mae lili'r teigr (*Lilium lancifolium*) yn oren â smotiau tywyll, yn blodeuo'n hwyr, ym mis Awst; gwell gan hon bridd asid. Hefyd mae llu o groesrywiau modern nad ydynt yn poeni'n ormodol am ansawdd y pridd, yn tyfu i wahanol daldra ac mewn amryw o liwiau heblaw glas; mae eu blodau fel bowlenni, fel trwmpedau neu fel capan Twrc. Ymysg y rhai a dyfais i a chael pleser ohonynt mae 'Golden Splendour' (melyn), 'African Queen' (oren) a 'Pink Perfection', y tri yn dal ac yn bersawrus dros ben.

Er eu bod mor bendefigaidd, mae'r lilïau'n edrych yn dda a phriodol mewn

The beauty of true lilies is proverbial and their elegance inspiration for poets and gardeners alike. Unlike other bulbs they are summer flowers and grow taller. The Madonna lily (*Lilium candidum*) is the traditional kind and exceptional in that it thrives in alkaline soil. It is often seen in religious paintings but where can it be obtained by the cottager? I have never seen it for sale in a shop or a catalogue. Rare too in commerce is the Turk's cap or Martagon lily (*Lilium martagon*) that would be very appropriate amongst the shrubs of a cottage garden. The regal lily (*Lilium regale*) is easily found, and though a newcomer to the cottage garden, is a good substitute for the Madonna and has a wine-coloured blush outside its white trumpets. The tiger lily (*Lilium lancifolium*) is orange with dark spots, and flowers late, in August; this one prefers acid soil. Also, there are a host of modern hybrids in a multitude of colours except blue, and with flowers that are bowl-shaped, trumpet-shaped or like Turk's caps. Ones that I have grown and derived great pleasure from include 'Golden Splendour' (yellow), 'African Queen' (orange) and 'Pink Perfection', all three very fragrant.

Despite being so patrician, lilies look both well and appropriate in a cottage garden, perhaps because their contemporaries in the summer garden

Lilium *'Pink Perfection'*   Gladiolus byzantinus

gardd fwthyn, efallai am fod eu cyfoedion
yng ngardd yr haf lawn mor drawiadol.
Ond maent ymhell o fod yn ddidrafferth.
Os gwnaethoch chi ymchwilio i'r math
o'ch dewis, a chael y pridd a'r safle'n
gywir, rhaid yn gyntaf eu hamddiffyn
rhag yr hen elyn, y malwod, fydd yn
cael eu denu'n heidiau i fwyta pob rhan
o'r planhigyn. Dros y gaeaf, yn enwedig
os ydych yn eu tyfu mewn potiau, fel
sy'n addas, mae'n bosib y bydd larfâu
gwiddon-y-winwydden yn bwyta gwaelod
y bylbiau. Rwyf wedi dyfalbarhau gyda'r
lilïau, mor hoff wyf ohonynt, ond erbyn
hyn mae'r chwilen lili coch wedi cyrraedd
de Cymru, ac yn wyneb y tri gelyn
anorchfygol hyn rwyf wedi rhoi'r gorau
i'w tyfu. Caf fy nhemtio ganddynt eto,
rwy'n siŵr, mor ddeniadol ydynt, ond am
y tro mae seibiant yn y frwydr!

Mae cormau lili'r cleddyf (*Gladiolus*) yn
haws dod o hyd iddynt yn weddol rad ac

are equally showy. But they are far
from being trouble-free. If you research
your chosen kind and get both soil and
situation right, firstly you must protect
them from the old enemy the slugs that
are attracted in hordes to eat every part
of the plant. In winter, especially if you
grow them in pots, as is suitable, vine
weevil larvae may eat the bottom of the
bulbs. I have persevered with lilies, so
fond am I of them, but by now the red
lily beetle has reached south Wales and
in the face of these three uncontrollable
enemies I have given up on them. But I
will surely be tempted by them again, so
attractive are they, but for the moment
there is a pause in hostilities!

Gladiolus corms are easily available,
reasonably priced and widely grown, but
are not, I believe, appropriate for a cottage
garden for two reasons. Firstly, they are
not hardy, so they must be lifted and kept

maent yn cael eu tyfu'n helaeth, ond credaf eu bod yn anaddas i ardd fwthyn am ddau reswm. Yn gyntaf, nid ydynt yn wydn iawn, felly rhaid eu codi a'u sychu a'u cadw mewn lle di-rew, yna eu hailblannu y gwanwyn canlynol; ddim yn ddidrafferth felly. Yn ail mae'r croesrywiau cyffredin yn arw ac anniben o ran ffurf a lliw. Gwell eu tyfu yn yr ardd lysiau fel blodau i'w torri na'u gwasgaru fel sioeferched dros ben llestri ymysg trigolion gweddus y border. Mae'r rhywogaeth wyllt sy'n dod o dde Ewrop, *Gladiolus byzantinus*, yn wir frodor yr ardd fwthyn; mae'n llai, yn fwy cain ac yn fwy caled na'r croesrywiau. Mae'n blodeuo'n gynt hefyd. Gellir ei adael yn y pridd o flwyddyn i flwyddyn i ymgartrefu a chreu clystyrau tlws. Mae'r blodau'n lliw majenta, felly mae perygl gwrthdaro gyda'r blodau coch, oren neu felyn, felly gosodwch hwn yn ofalus. Mae yna groesrywiau tebyg fel 'The Bride' (gwyn) sy'n ddelach na'r cyffredin ond nid wyf wedi'u tyfu eto.

Credaf fod blodau'r enfys neu'r gellesg (*Iris*) yn hyfryd; maent ymysg fy ffefrynnau fel blodau i'w torri yn y gwanwyn. Ond nid dyma'r bylbiau hawsaf i'w tyfu chwaith. Fydd bylbiau newydd ddim yn dda am flodeuo ac mae'n cymryd blynyddoedd i dyfu twffyn glaswelltog digon mawr i flodeuo'n dda. Tybiaf y bydd llawer ohonoch, fel fi, am roi cynnig ar eu tyfu, ond byddwch yn barod i gael eich siomi. Gwell eu gadael i'r tyfwyr

in a frost-free place and replanted next spring; not easy care therefore. Secondly, the common hybrids are coarse and blowsy in their form and colours. They are best grown in the vegetable garden only for cutting rather than scattered like gaudy showgirls amongst the respectable inhabitants of the borders. There is a wild species from southern Europe, *Gladiolus byzantinus*, that is a true cottage garden plant; it is smaller, more elegant and hardier than the hybrids. It also flowers sooner. It can be kept in the ground from year to year and naturalises to make pretty clumps. The flowers are magenta and can clash with reds, oranges and yellows so place it carefully. There are some hybrids too like 'The Bride' (white) which are lovelier than the common kind but I have not grown them yet.

I think irises are lovely and they are amongst my favourite cut flowers in spring but they are not the easiest bulbs to grow. New bulbs often don't flower and take years to make a sufficiently large grassy clump to flower. Doubtless many of you will, like me, want to try growing them but prepare to be disappointed. Better to leave it to the professionals and enjoy them as cut flowers. Some success can be had with the dwarf species that flower with the crocus, like the netted iris (*Iris reticulata*). These are lovely in pots or at the edge of the border to lift the spirits in February, and as they

Iris germanica

proffesiynol a'u mwynhau fel blodau ar gyfer y tŷ. Cewch beth llwyddiant trwy dyfu'r rhywogaethau bychain sy'n dod gyda'r saffrwm, fel yr ellesgen rwydiog (*Iris reticulata*). Maent yn hyfryd mewn potiau neu ar ymyl border i godi calon yn oerni Chwefror, a gan eu bod mor fach maent yn haws eu trin. Mae mathau gellesg-y-gerddi (*Iris germanica*) yn tarddu o risom ac yn fwy fel planhigyn lluosflwydd y border yn y dull o'u tyfu. Maent yn fwy o faint na'r uchod ac yn llai cain, ond y rhain yw'r rhwyddaf ar gyfer

are so small they are easy to handle. The bearded irises (*Iris germanica*) that grow from rhizomes are more like border perennials in the way they are grown. They are much bigger than the bulbous forms and less elegant, but these are the easiest to get the unique fleur-de-lys flower shape in the garden. The rhizomes must be baked by the sun on the soil surface and have well-drained soil. Infrequently do slugs destroy them entirely but they can make a real mess of the leaves.

cael siâp unigryw'r blodyn gellesg (*fleur-de-lys*) yn yr ardd. Ond rhaid i'r rhisomau bobi yn yr haul ar wyneb y pridd, a'r pridd yn draenio'n dda. Anaml y bydd malwod yn eu llwyr ddifetha ond gallant wneud llanast llwyr o'r dail.

Wrth gwrs, mae yna lawer o fylbiau eraill sy'n gweddu i'r dim i ardd fwthyn ond canolbwyntiais ar y rhai cyffredin y mae gen i beth profiad o'u tyfu. Mae blodau'r gwynt (*Anemone coronaria*), er enghraifft, yn y mathau 'De Caen' a 'St Brigitte', yn annwyl ac addas i'r pwrpas ond mae'r cormau sydd ar gael yn aml yn rhy fach neu'n rhy sych i wneud sioe dda, a phrin y byddan nhw'n goroesi i'r ail flwyddyn. Mae fy mhridd yn rhy sych i dyfu'r fritheg (*Fritillaria meleagris*), blodyn tlws cynhenid prin iawn. Tyfwyd ei berthynas cydnerth, y goron ymerodrol (*Fritillaria imperialis*), mewn gerddi bwthyn oddi ar y Croesgadau, ond sylwais yng Ngerddi Keukenhoff yn yr Iseldiroedd fod arogl siarp cas ganddynt. Mae siclamen yn hyfryd i'w tyfu yn y cysgod, ac mae'n bosib bellach eu prynu mewn potiau i'w gosod allan. Fel blodyn y gwynt, methiant fyddant os ceisiwch eu tyfu o gormau sych. Dyna ddigon o ddewis felly i roi sioe liwgar ardderchog o ddechrau'r flwyddyn i'r haf.

There are, of course, many other bulbs that are ideal for a cottage garden but I have concentrated on the commoner types I have experience of growing. Anemones (*Anemone coronaria*), for example, of the De Caen and St Brigitte types, are dear and suitable for the purpose but the corms available are often too small or too dry to give a good show and rarely survive into a second year. My soil is too dry to grow that lovely rare native, the fritillary (*Fritillaria meleagris*). Its robust relative, the crown imperial (*Fritillaria imperialis*), has been grown in cottage gardens since the Crusades but I noticed it had an unpleasant, pungent smell when I met with it in the Keukenhoff Gardens in Holland. Cyclamen are lovely for growing in shade and it is now possible to buy pot grown plants to bed out. Like anemones they fail if grown from dry corms. Plenty of choice then to give an excellent colourful show from the start of the year until summer.

Iris *Dutch Hybrids*

Potiau

Rhaid cyfaddef nad yw tyfu pethau mewn potiau'n rhan amlwg o draddodiad yr ardd fwthyn ond mae'n rhan annatod o arddio modern. Mae meithrin mewn potiau'n gelfyddyd ynddo'i hun a cheir llawer o lyfrau ar y pwnc. Mewn gardd fwthyn fechan neu ardd batio mewn tref mae potiau'n ddefnyddiol ar gyfer ehangu posibiliadau i dyfu pethau, ac am y modd maen nhw'n dod â'r ardd i mewn i'r tŷ drwy ffurfio cysylltiad rhwng y tu mewn a'r awyr agored. Maent yn werthfawr i feddalu ehangder waliau a choncrid ble nad oes gwelyau blodau'n bodoli, a'u gwneud yn ddeniadol.

Yn fy ngardd innau mae potiau'n golygu y gallaf ddilladu â gwyrddni yr iard a grëwyd gan y rhan o'r tŷ sy'n ymestyn

Chapter 13

Pots

It must be confessed that growing in pots is not an obvious part of the cottage garden tradition but it has become an integral part of modern gardening. Pot cultivation is an art of its own and there are many books on the subject. In a small cottage garden or patio garden in a town, pots are useful to increase the possibilities of growing things and for the way they bring the garden into the house by forming a link between inside and the open air. They are valuable in softening and making attractive the expanse of walls and concrete where no flower beds exist.

In my garden, pots allow me to clothe with greenery the yard that exists between the parts of terraced houses that

allan yn y cefn. Er bod fy iard yn wynebu'r de, mae'n gul ac wedi'i hamgylchynu gan adeiladau ar y naill ochr a'r llall, felly nid yw'n cael llawer o haul. Rhaid cyfyngu'r planhigion sydd eisiau haul i'r pen agored a'r patio bach cyfagos. Trwy brofi a methu rwyf wedi darganfod beth sy'n ffynnu yn yr iard. Os oes gennych le anffafriol, mae'n syniad da arbrofi gyda phlanhigion mewn potiau nes i chi ddarganfod pa rai sy'n tyfu orau yno.

Rhai plastig yw fy mhotiau bron i gyd, mewn lliwiau ysgafn brown neu lwyd sy ddim yn tynnu sylw atynt eu hunain. Maent yn ddigon drud, ond ddim drutach na'r rhai *terracotta* neu gerrig y mae'r crach yn mynnu eu cael. Mantais defnyddio plastig yw bod y pridd o'i fewn yn llai tebyg o sychu. Mae potiau mawr plastig sy'n addas i lwyni'n ddrud iawn, felly rwy'n defnyddio biniau plastig yn eu lle. A dweud y gwir, gellir tyfu planhigion mewn unrhyw lestr ond iddo ddraenio'n dda, a gellir ei guddio â cherrig, potiau mwy gweddus, neu'n well byth, ddail! Mae'n fythynnol iawn i ddarganfod a defnyddio pob math o *objets trouvés*! Gwnewch yn siŵr fod digon o dyllau yn y gwaelod i'r dŵr ddraenio; prin iawn yw'r planhigion sy'n ffynnu mewn gwlybaniaeth parhaus!

Rwy'n defnyddio compost sy'n addas ar gyfer plannu parhaol, fel John Innes 3, neu uwchbridd wedi'i gymysgu â'm compost fy hun i'w wneud yn ysgafnach. Y

extend outwards at the back. Although the yard faces south, its narrowness and the height of buildings on either side means that it doesn't get much sun. Plants that need sun therefore are restricted to the open end and adjacent small patio. I have discovered what thrives in the yard through trial and error, and this is a good strategy if you have an unfavourable spot; try likely things until you find what grows best.

Nearly all my pots are plastic of light brown or grey that doesn't stand out. Plastic pots are expensive enough but not as expensive as the terracotta or stone snobs insist on. The advantage of plastic is that the soil inside is less likely to dry out. To be honest, plants can be grown in any container as long as it has good drainage and they can be hidden with stones, more attractive pots, or best of all, foliage! It is very cottagey to discover and use all manner of *objets trouvés*! Ensure that there are holes in the bottom for the water to drain, as few plants thrive in constant wet!

I use compost suitable for permanent planting, like John Innes 3 or topsoil lightened with my own compost. The trouble with these is that they make for very heavy pots. The compost that has been produced and is sold cheaply by local authorities is excellent, but is made up solely of decayed plant material and must be mixed with soil

Dianthus var.

Hypericum polyphyllum

drafferth gyda'r rhain yw eu bod yn creu potiau hynod o drwm. Mae'r compost sy'n cael ei gynhyrchu a'i werthu'n rhad gan yr awdurdod lleol yn ardderchog, ond deunydd llysieuol wedi pydru yn unig ydyw, felly rhaid ei gymysgu â phridd ar gyfer plannu parhaol. Ni ellir cyfiawnhau defnyddio mawn dan unrhyw amgylchiadau gan fod ei gynhyrchu'n niweidiol iawn i'r amgylchedd. Ta waeth, ceisiwch ddefnyddio compost sy'n ddigon swmpus ar gyfer tyfiant da ond hefyd yn ddigon ysgafn i'w drafod. Mae'n bwysig gosod darnau o lestri pridd yng ngwaelod y pot er mwyn iddo ddraenio'n dda, ond gallwch ddefnyddio darnau o bolystyren os ydych yn awyddus i gyfyngu ar bwysau'r pot. (Os yw'ch potiau mewn lle

for permanent planting. There can be no justification for using peat under any circumstances as its production is very damaging to the environment. Anyway, choose a compost that is substantial enough to support good plant growth but light enough to handle. It is important to place crocks in the bottom of the pot for it to drain properly. If you want to restrict the weight of the pot you can use pieces of polystyrene instead. (If the pots are in a windy place, weight is good foundation to keep them in place.) In my sheltered yard, being light enough to handle is the thing.

I must warn you that pot culture is hard work. They have to be watered

gwyntog, mae pwysau'n sylfaen dda i'w cadw yn eu lle.) Yn fy iard gysgodol innau, bod yn ddigon ysgafn i'w trafod sy'n bwysig.

Dylwn eich rhybuddio fod meithrin mewn potiau'n waith caled. Rhaid eu dyfrhau'n ddyddiol yn yr haf a rhaid eu gwrteithio yn y tymor tyfiant gan na fydd y gwreiddiau'n gallu treiddio o'r pot i chwilio am faeth. Maent yn hollol ddibynnol arnoch chi. Does dim yn edrych mor druenus â photiau wedi'u hesgeuluso. Hefyd, gall potiau fod yn feithrinfa nefol i widdon-y-winwydden (*Otiorhynchus sulcatus*). Arferwn fod yn hoff o'r chwilod hirdrwyn llwyd, doniol nes i mi ddarganfod faint o ddifrod mae'r larfau'n ei wneud. Os bydd planhigyn mewn pot yn gwywo er bod y compost yn wlyb, ofnwch y gwaethaf! Mae'r larfâu tew, lliw hufen, yn bwyta drwy'r gwreiddiau dan y pridd ac yn difa'r planhigyn cyn i chi sylweddoli beth sy'n digwydd. Chwiliwch yn fanwl drwy'r compost a gwasgwch y larfâu rhwng eich bysedd. Yn fy mhrofiad i, nid yw plaladdwyr ar gyfer pridd yn gweithio'n dda. Mae 'na fwydyn nematod sy'n eu lladd – dull o reoli bywydegol – ond rhaid eu harchebu a'u prynu yr adeg gywir o'r flwyddyn. Mae planhigion lluosflwydd sydd wedi sefydlu'n gallu gwrthsefyll y gwiddon yn yn eitha da ond bydd planhigion newydd, rhai unflwydd a bylbiau sy'n gaeafu mewn perygl. Dywedir

daily in summer and fertilized in the growing season as the roots cannot penetrate out of the pot to search for nutrients. The plants are entirely dependent on you. Nothing looks as sorry as neglected pots. Also, pots can be the perfect haven for vine weevils (*Otiorhynchus sulcatus*). I was quite fond of these long-nosed comical grey beetles until I realised the unseen damage wrought by the larvae. If a plant in a pot wilts even though the compost is moist suspect the worst! The fat, cream-coloured larvae eat through the roots under the soil and destroy the plants before you realise what's happening. Search through the soil and squash the larvae between your fingers. In my experience, soil pesticides do not work well; there is a nematode worm that kills them, a means of biological control, but they must be ordered and bought at the right time of year. Established perennial plants can withstand the weevils quite well but new plantings, annuals and overwintering bulbs are threatened. Ferns are also said to be susceptible but so far I have been lucky. Weevils live out in the garden too but are hardly ever a problem as their numbers are controlled by natural predators, but I have lost saxifrage, London pride and ice plant in the past. However, I have learnt to accept some losses philosophically.

Gwiddon y winwydden ar flodyn Helen
Vine weevil on helenium

fod rhedyn hefyd yn ffefryn gan y gwiddon ond rwyf wedi bod yn lwcus gyda'r rheiny hyd yn hyn. Mae'r gwiddon yn byw yn yr ardd hefyd ond braidd byth yn broblem yma, lle rheolir eu nifer gan ysglyfaethwyr naturiol; serch hynny, collais falchder Llundain, tormaen a'r friweg fawr yn y gorffennol. Rwyf wedi dysgu derbyn rhai colledion yn ddirwgnach.

Photinia *Red Robin*

Ilex *Silver King*

Sarcococca confusa

Daphne *Jaqueline Postill*

Beth fydda i'n ei dyfu mewn potiau felly? Gan fod yr iard yn amlwg ac yn hawdd cyrraedd ati yn y gaeaf, mae planhigion bythwyrdd yn bwysig. Mae gennyf hen *Photinia* mewn bin sbwriel sy'n rhoi sioe dda wrth i'w ddail cochion ymledu yn y gwanwyn. Nid yw'n tyfu cystal â rhai enghreifftiau ond mae'n addurn priodol y tu allan i ffenest y gegin. Mae cyfyngu gwreiddiau planhigion fel hwn yn rheoli eu tyfiant ac yn ddull o feistroli rhai fyddai'n tyfu'n rhy gryf i'r ardd fel arall. Mae gennyf goeden gelyn fraith (*Ilex* 'Silver King') sy'n gwneud yn dda y tu allan i ffenest Ffrengig y stafell fyw, ac mae'r stafell fwyta'n edrych dros lwyn (mawr erbyn hyn) o focsen Nadolig (*Sarcococca*). Mae dail bach niferus gwyrdd tywyll y planhigyn hwn yn gweud llwyn addurniadol iawn ac mae'n hyfryd gallu torri rhai o'r canghennau pan fyddant yn eu blodau yng ngwawr y flwyddyn; mae'r blodau'n bitw a disylw ond gallant lenwi'r ystafell ag arogl mêl. Bythwyrdd arall y llwyddais i'w sefydlu mewn pot y tu allan i'r drws yw *Daphne*; mae hwn hefyd yn blodeuo'n gynnar yn y flwyddyn (sêr pinc y tro yma) ac yn arogleuo'r ardderchog. Sylwch nad yw nifer o'r uchod yn blanhigion traddodiadol yr ardd fwthyn. Credaf felly mai yn agos at y tŷ yw'r lle gorau i'r estroniaid hyn – bydden nhw'n edrych braidd yn chwithig yn yr ardd. Byddai'r hen ddyddynnwr, rwy'n siŵr, wrth ei fodd yn cael toriadau

So what then do I grow in pots? As the yard is easily accessible and visible in winter, evergreens are important. I have an old *Photinia* growing in a dustbin that gives a good show as its leaves open red in the spring. It doesn't grow as well as some examples but is suitably ornamental outside the kitchen window. Confining the roots of plants in this way limits their growth and is a way of controlling things that would grow too vigorously in the garden otherwise. I have a variegated holly (*Ilex* 'Silver King') doing well outside the French windows of the living-room, and the dining-room looks out on a sizeable (by this time) Christmas box (*Sarcococca*). The numerous small dark-green leaves of this make a very decorative bush and branches in flower can be cut at the start of the year; the tiny flowers are inconspicuous but can fill a room with the scent of honey. *Daphne* is another evergreen that has succeeded in a pot outside the back door; this too blooms early in the year (pink stars this time) and it smells wonderful. You will notice that many of the above plants are not typical of the cottage garden. I believe therefore that near the house is the best place for such exotics that might look out of place in the open garden. I'm sure the cottager of old would love to get cuttings of favourite exotic plants that grew at the manor house to nurture in the

o hoff blanhigion estron a dyfai yn y tŷ mawr ac yn eu meithrin yng nghysgod ei fwthyn. Mae potiau hefyd yn gyfle i dyfu planhigion sydd angen pridd arbennig – os nad oes gennych bridd asid ac mae *Pieris,* rhododendron neu *Hydrangea* yn mynd â'ch bryd, dyma'r cyd-destun gorau i'w tyfu.

Os gorchuddio wal yw'r bwriad, mae llawer o'r planhigion sy'n dringo yn addas i'w tyfu mewn potiau, megis clematis, eiddew (*Hedera*), gwyddfid (*Lonicera*), jasmin (*Jasminum*) a blodyn-y-dioddefaint (*Passiflora*). Mae gennyf lwyn enfawr o jasmin-y-gaeaf (*Jasminum nudiflorum*) erbyn hyn sy'n seren yn Ionawr a Chwefror ac i'w weld o'r ffenest wedi'i orchuddio gan flodau melyn. Cofiwch y bydd angen darparu fframwaith iddynt ddringo o'r pot.

Gan fod angen cadw llygad ar botiau, mae eu cael yn agos at y tŷ yn gyfleus i drin planhigion sy'n mynnu sylw! Dim ond mewn potiau metel, gan ddefnyddio peledi glas rhag y malwod, y mae gennyf unrhyw obaith o dyfu *Hosta* yn llwyddiannus! Planhigion lluosflwydd sy'n ffynnu mewn potiau yng nghysgod fy iard yw balchder Llundain (*Saxifraga x urbium*), clychau'r Eidal (*Campanula portenschlagiana*) a rhedyn o bob math. Mae'r rhedyn cynhenid, yn enwedig y rhai bythwyrdd sy'n cyfrannu drwy gydol tymor hir, fel tafod-yr-hydd (*Asplenium scolopendrium*) a'r farchredynen (*Polystichum setiferum*), lawn cystal â'r rhai estron.

shelter of his cottage. Pots, too, give the opportunity to grow plants that need particular soil – if you don't have acid soil and you covet *Pieris,* rhododendron or *Hydrangea* this would be the best context to grow them.

If you wish to cover a wall, many climbing plants are suitable for growing in pots, such as clematis, ivy (*Hedera*), honeysuckle (*Lonicera*), jasmine (*Jasminum*) and passion-flower (*Passiflora*). I have an enormous plant of winter jasmine (*Jasminum nudiflorum*) by now, that is a star performer in January and February and visible from the window covered with yellow flowers. Remember though that you must provide a framework for them to climb from the pot.

As pots need constant attention, pots near the house are a good place to grow plants that need attention! Only by growing them in metal pots, and by resorting to blue slug pellets, do I have any hope of growing *Hosta* successfully! Perennials that are successful in pots in my shady yard include London pride (*Saxifraga x urbium*), Italian bellflower (*Campanula portenschlagiana*) and all kinds of ferns. Native ferns, particularly the evergreens that contribute over a long season, such as hart's tongue (*Asplenium scolopendrium*) and shield fern (*Polystichum setiferum*), are quite as good as the exotic species.

Pieris *'Forest Flame'*

Clematis *'Royal Cardinal'*

Passiflora caerulea

Hosta fortunei

Polystichum setiferum *Plumosum Dusum*

Campanula portenschlagiana

Tulipa *'Coleur Cardinal'*

Saxifraga x urbium

Cyclamen var.

Mewn lle heulog, mae potiau'n cynnig cyfle gwych i dyfu planhigion tymhorol neu dros dro, fel planhigion unflwydd a bylbiau. Gellir plannu pot yn llawn o fylbiau gwahanol ar wahanol ddyfnder i ymestyn y tymor. Rhowch diwlipau (*Tulipa*) ddyfnaf, efallai, i flodeuo olaf yn Ebrill a Mai, cennin Pedr (*Narcissus*) ar ddyfnder cymedrol i flodeuo ym mis Mawrth, a saffrwm (*Crocus*) yn agos i'r wyneb i ddechrau'r sioe ym mis Chwefror. Planhigion unflwydd sydd wedi llwyddo yng nghysgod fy iard yw llysiau'r Drindod (*Viola x wittrockiana*) a'u hwynebau serchus, *Lobelia* a *Begonia semperflorens*. Mewn llecynnau mwy agored mae'r posibiliadau'n ddi-ri. Rhaid cofio am y *Fuchsia* hefyd; mae gennyf amryw lwyni o'r mathau gwydn a dyfwyd yn wreiddiol o doriadau gan ffrindiau ac sy'n blodeuo'n ardderchog bob blwyddyn er iddynt gael eu torri 'nôl bob gaeaf. Mantais y *Fuchsia* yw eu bod yn tyfu'n dda yn y cysgod ac yn blodeuo'n hwyr yn y tymor – trwy gydol yr hydref hyd at y rhew cyntaf. Cymerwch doriadau a'u gwreiddio a'u gwarchod ar silff y ffenest drwy'r gaeaf os ydych am fod yn sicr o'u cadw. Yn olaf, mae potiau o berlysiau y tu allan i ddrws y gegin yn gyfleus iawn; mae gennyf lwyn rhosmari (*Rosmarinus*) yn agos i'm cegin innau, ond cofiwch fod angen lle heulog ar y rhan fwyaf ohonynt.

Mae potiau felly yn gyfle da i lanw gwacter ac i dyfu planhigion na fyddai,

In a sunny place pots are an excellent opportunity to grow seasonal, or short-lived plants like annuals and bulbs. Bulbs are good subjects for pots and different bulbs can be planted at different depths to extend the season. Tulips (*Tulipa*) planted the deepest, perhaps, to flower in April and May, daffodils (*Narcissus*) at medium depth to flower in March, and crocus near the surface to start the show in February. Annuals that have succeeded in the shade of my yard are pansies (*Viola x wittrockiana*) with their cheerful faces, *Lobelia* and *Begonia semperflorens*. In more open positions the possibilities are endless. I must mention *Fuchsia* too; I have numerous bushes of the hardy kinds grown from cuttings from friends and they flower wonderfully every year despite being cut back severely in winter. The advantages of *Fuchsia* are that they grow well in shade and flower late in the year, through the autumn until the first frosts. Take cuttings and root them and nurture then on a window sill through the winter if you want to be sure of keeping them. Lastly, pots of herbs outside the kitchen are also convenient; I have a rosemary bush (*Rosmarinus*) outside mine, but remember the majority need a sunny spot.

Pots, therefore, are a good opportunity to grow plants that would perhaps be inappropriate in the open garden. The cottager has more control

efallai, yn addas i'r ardd agored. Mae gan y garddwr fwy o reolaeth ar y tyfiant mewn pot, ond mwy o gyfrifoldeb hefyd, gan fod popeth yn hollol ddibynnol ar y gofal mae'n ei roi iddynt!

over growth in pots but also more responsibility as everything is totally dependent on his care!

Pelargonium var, Begonia semperflorens

Viola x wittrockiana

Lobelia var.

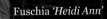
Fuschia *'Heidi Ann'*

Bywyd Gwyllt

Fel athro bywydeg a naturiaethwr rwyf wedi gwneud fy ngorau i warchod yr amgylchedd a gwneud popeth i annog bywyd gwyllt bob amser. Yn y blynyddoedd diwethaf rydym wedi dod yn ymwybodol fod gan erddi ran bwysig i'w chwarae wrth amddiffyn amrywiaeth bywyd, ac mae'r ardd fwthyn yn enwedig yn lleoliad ble gall bywyd gwyllt ffynnu. Mae dulliau traddodiadol yn fwy caredig i'r amgylchfyd, a mathau traddodiadol o blanhigion yn fwy llesol i fywyd gwyllt.

Wrth gwrs, nid oes croeso i bob math o fywyd gwyllt yn yr ardd. Nid yw cwningod, ceirw, gwaddod na moch daear yn broblem yn fy ngardd amgaeedig innau, ond rhaid i'r bythynnwr gwledig godi rhwystrau rhagddynt i amddiffyn

Chapter 14

Wildlife

As a biology teacher and naturalist I have always done my best to protect the environment and do everything to encourage wildlife. In recent years we have become aware that gardens have an important part to play in protecting biodiversity, and cottage gardens especially are places where wildlife can thrive. Traditional methods are kinder to the environment, and traditional kinds of plants more beneficial to wildlife.

Not all wildlife is welcome in the garden, of course. Rabbits, deer, moles and badgers are not a problem in my enclosed garden but country cottagers have to erect barriers against them in order to defend their crops and floral display. Be careful not to leave cooked

ei gnydau a'i arddangosfa flodau. Rhaid bod yn ofalus i beidio â gadael bwyd wedi'i goginio a sbwriel arall ar y domen gompost neu ar fwrdd bwyd yr adar rhag denu llygod mawr. Ond ar y cyfan, mae'n well gadael i gydbwysedd natur ymsefydlu na dibynnu ar wenwyno'r plâu. Os oes digon o reibwyr yn y gymdogaeth, ni fydd nifer y plâu yn codi i lefel rhy niweidiol. Trwy annog adar, corynnod a phryfed ysglyfaethus, mae lindys, pry gwyrdd a'u tebyg yn cael eu cadw o fewn terfynau. Y drafferth mewn gerddi trefol yw bod 'na gath ym mhob tŷ bron, ac mae'r rhain yn ei gwneud hi'n amhosib i adar fwydo'n ddiogel ar eu prae. Nhw sy'n peri'r drafferth fwyaf i mi; maent hefyd yn baeddu bob tro y byddaf yn torri'r pridd ar gyfer plannu. Mae rhoi brigau celyn neu wifren cwt ieir ar y pridd noeth yn ddefnyddiol i'w cadw draw. Cathod, ac o ganlyniad prinder adar ysglyfaethus sy'n bwydo ar y ddaear, yw'r prif reswm dros bresenoldeb cynifer o fathau a niferoedd o falwod a gwlithod yn fy ngardd. Mae gennyf ddigon o frogaod yn byw yn y pwll ac mae'r rhain yn help, ond mae'r cathod yn aflonyddu arnyn nhw hefyd. Serch hyn i gyd, yn ystod fy amser yma, dros dri deg pump o flynyddoedd, rwyf wedi cofnodi 45 math o aderyn a welwyd yn fy ngardd neu ohoni. (Gweler y tabl ym mhennod 15.) Rwy'n bwydo'r adar yn gyson ond gwnaf yn siŵr fy mod yn cadw'r offer bwydo'n ddigon uchel allan o gyrraedd y

food and other rubbish on the compost or bird-tables lest you attract rats. However, on the whole it is better to let the balance of nature establish than depend on poisoning the pests. If there are enough predators in the neighbourhood the pest numbers will not rise to damaging levels. By encouraging birds, spiders and predatory bugs, caterpillars and aphids are kept in check. Unfortunately, in town gardens there is a cat in almost every house and these make it impossible for birds to eat their prey safely. Cats are the biggest menace; they also soil the earth each time I disturb it for planting. Branches of holly or chicken wire placed on bare soil are useful for keeping them away. The cats, and the consequent lack of ground-feeding predatory birds, are the main reason there are so many kinds and numbers of slugs and snails in my garden. I have plenty of frogs living in the pond and they are a help but cats molest them too. Despite this I have recorded 45 species of bird seen in or from my garden. (See the table in Chapter 15.) I feed the birds regularly but am careful to keep the feeders high enough out of reach of the cats and in the open so that the birds can see their attackers coming.

Insects and spiders and so on will thrive where they have food and shelter. A thickly planted cottage garden is an attractive habitat for them. Aim to provide a succession of flowers through

Turtur dorchog ar y bwrdd adar
Collared dove on the bird table

cathod ac mewn lle agored fel bod yr adar yn gweld y rheibwyr yn dod.

Bydd pryfed, corynnod ac ati'n ffynnu ble bynnag mae ganddynt fwyd a lloches. Mae gardd fwthyn sydd wedi'i phlannu'n drwchus yn gynefin deniadol iddynt. Ceisiwch greu dilyniant o flodau gydol y tymor, o'r saffrwm cyntaf hyd at y ffarwel haf, a bydd yr ardd fwthyn yn denu pob math o bryfed sy'n dibynnu ar neithdar, fel y pilipala, gwyfynod, gwenyn o bob math a phryfed hofran, creaduriaid y mae'r mwyafrif yn eu hystyried yn fanteisiol. Dyma i chi synnwyr y fawd: os yw'r creadur yn symud yn gyflym, fel y chwilod daear, y neidr gantroed, gwas-y-neidr a'u tebyg, maent yn ysglyfaethus ac yn difa plâu; ffrindiau'r garddwr ydynt. Ar y llaw arall, os ydynt yn symud ling-di-long fel y neidr filtroed, malwod neu lindys, maent yn pori ac yn debyg o fod yn niweidiol i gnwd y garddwr. Digon o'r cyflym, felly, a bydd y rhai araf yn cael eu rheoli. Mae gan y planhigion sydd orau ar gyfer denu pryfed llesol flodau sengl yn llawn neithdar; y mathau traddodiadol a'r mathau cynhenid, felly. Mae gwenyn yn hoff o flodau cycyllog; mae gwyfynod yn peillio blodau a chanddynt diwb hir, fel gwyddfid; mae pryfed hofran yn hoff o bennau blodau agored, gwastad sy'n cynnig llwyfan glanio iddynt, ynghyd â blodau bas er mwyn i'w tafodau byr gyrraedd y neithdar (llygaid-y-dydd neu wmbelau, er enghraifft).

the season from the first crocus to the last Michaelmas daisy and the garden will attract all sorts of nectar-feeding insects like butterflies, moths, bees and all types of hoverflies. These are creatures most people would deem desirable. As a rule of thumb, fast moving creatures like ground beetles, centipedes, dragonflies and so on, are predatory and destroy pests. On the other hand, sluggish creatures like millipedes, caterpillars, slugs and snails are likely to be grazers and therefore injurious to garden produce. Thus enough of the swift will keep the slow in check. The best plants to attract beneficial insects have single flowers full of nectar; the traditional and native varieties, therefore. Bees like hooded flowers; moths pollinate flowers with long tubes, like honeysuckle; hoverflies like open, flat flower-heads as landing platforms and shallow flowers so that their short tongues can reach the nectar (daisies or umbels, for example).

GLOYNNOD

1 *Trilliw bach/Small Tortoiseshell*
  Aglais urticae
2 *Mantell Paun/Peacock*
  Inachis io
3 *Llynghesydd Coch/Red Admiral*
  Vanessa atalanta
4 *Glesyn cyffredin/Common Blue*
  Polyommatus icorus
5 *Mantell Garpiog/Comma*
  Polygonia c-album

Pry Hofran

1 Eristalis pertinax
2 Episyrphus balteatus
3 Sphaerophoria scripta
4 Syrphus ribesil
5 Merodon equestris

CHWILOD
1 Phyllopertha horticola
2 Adalia bipunctata
3 Oedemera nobilis
4 *Pryf Ichnemon/Ichnemon fly*
5 *Siani Flewog/Tiger moth caterpillar*
 Arctia caja

Gwlithen fannog / Leopard slug
Limax maximus

Bydd blodyn â fflurgainc gwastad yn denu pryf
Flat inflorescences attract flies

Blodau syml yn denu peillwyr fel cacwn

Simple flowers attract pollinators like bumble bees

Eupatorium *yn denu pryf gwyrdd, pryf hofran a chacynnen*

Eupatorium *attracting greenbottle, hover fly and bumble bee*

Mae tyfu blodau gwyllt yn ffasiynol ar hyn o bryd. Dyma newydd da i'r amgylchedd oherwydd po fwyaf o blanhigion cynhenid sy'n cael eu tyfu, y mwyaf o fywyd gwyllt fydd yn cael ei feithrin. Yn anffodus, nid yw tyfu blodau gwyllt yn llwyddiannus mor rhwydd ag y byddech yn meddwl. Bydd llawer yn cael eu siomi am fod gan nifer fawr o flodau gwyllt anghenion arbennig ac mae eu tyfu'n grefft. Mae'n synod cynifer o flodau'r gardd sy'n flodau gwyllt – neu'n fathau ohonynt yn eu hanfod beth bynnag – sydd lawn cystal ar gyfer denu bywyd gwyllt. Mae nifer o flodau gwyllt yn flodau traddodiadol yr ardd fwthyn, megis briallu (*Primula vulgaris*), n'ad-fi'n-angof (*Myosotis*), fioled bêr (*Viola odorata*), gwyddfid (*Lonicera periclymenum*) ac ati. Mae llawer o'r perlysiau a dyfir ar gyfer y gegin, neu fel moddion, yn blanhigion cynhenid hefyd, megis teim (*Thymus*), mintys (*Mentha*), cennin syfi (*Allium schoenoprasum*), y wermod wen (*Tanacetum parthenium*), tansi (*Tanacetum vulgare*), ffenigl (*Foeniculum vulgare*), penrhudd (*Origanum vulgare*) a chreithig bêr (*Myrrhis odorata*). Mae pob un o'r rhain yn ffynhonnell ardderchog o neithdar i bryfed. Yn ffodus, ceir llyfrau gwych bellach sy'n llawn o gyfarwyddiadau ar sut i dyfu nifer helaeth o flodau gwyllt prydferth. Tyfodd ffrind i mi lawer yn llwyddiannus o hadau, gan gynnwys

Growing wild flowers is fashionable at the moment. This is good news for the environment as the more native plants that are grown the more wildlife will be sustained. Unfortunately, growing wild flowers successfully isn't as easy as you might expect. Many will be disappointed as a good number require special conditions, and growing them is an art. It is surprising how many garden flowers are themselves wild flowers or varieties of them that are just as good for attracting wildlife. A number of wild flowers are traditional cottage garden plants such as primroses (*Primula vulgaris*), forget-me-nots (*Myosotis*), sweet violets (*Viola odorata*), honeysuckle (*Lonicera periclymenum*) etc. Many herbs grown for the kitchen or as remedies are native plants, for example thyme (*Thymus*), mint (*Mentha*), chives (*Allium schoenoprasum*), feverfew (*Tanacetum parthenium*), tansy (*Tanacetum vulgare*), fennel (*Foeniculum vulgare*), marjoram (*Origanum vulgare*) and sweet Cicely (*Myrrhis odorata*) and they are wonderful sources of nectar for insects. Fortunately there are now lots of excellent books with instructions on how to grow a large selection of beautiful wild flowers. A friend successfully grew a number from seed, including foxgloves (*Digitalis purpurea*), ox-eye daisies (*Leucanthemun vulgare*), nettle-leaved

Digitalis purpurea

Leucanthemum vulgare

Allium ursinum

Alliaria petiolata

Dactylorchis sp

Hyacinthoides non-scripta

Geranium robertianum

Veronica chamaedrys

Lotus corniculatus

bysedd-y-cŵn (*Digitalis purpurea*), llygad-yr-ych (*Leucanthemum vulgare*), cribau San Ffraid (*Betonica officinalis*), clychlysiau danhadlaidd (*Campanula trachelium*), blodau'r neidr (*Silene dioica*), llysiau Sant Ioan (*Hypericum perforatum*) ac eraill. Aeth nifer o'r blodau a arferai gael eu hystyried yn chwyn y caeau ŷd yn brin iawn bellach ond maen nhw'n addas ar gyfer creu llecyn lliwgar o blanhigion unflwydd mewn gardd fwthyn, fel y pabi coch (*Papaver rhoeas*), penlas-yr-ŷd (*Centaurea cyanus*), aur-yr-ŷd (*Chrysanthemum segetum*) a bulwg-yr-ŷd (*Agrosthemma githago*). Mewn pennod flaenorol, disgrifiwyd bylbiau cynhenid fel cennin Pedr (*Narcissus pseudonarcissus*), clychau'r gog (*Hyacinthoides non-scriptus*), lili wen fach (*Galanthus nivalis*) a seren Fethlehem (*Ornithogalum umbellatum*), y gellir eu prynu'n fasnachol. Cyfyngaf fy sylwadau i'r blodau gwyllt rwyf i wedi'u tyfu.

Tyfais lygad-yr-ych (*Leucanthemum vulgare*) o hadau fy hunan ac roeddynt yn blanhigion rhwydd, isel, hyfryd mewn sefyllfa agored ond cânt eu gwasgu'n gyflym ble bynnag mae'r tyfiant yn doreithiog. Cafodd llysiau'r cadno (*Geranium robertianum*) ei gyflwyno drwy ddamwain o ardd fy rhieni flynyddoedd yn ôl. Chwyn ydyw yn y ddwy ardd, ond rwy'n hoff ohono. O

bellflower (*Campanula trachelium*), betony (*Betonica officinalis*), red campion (*Silene dioica*) and St John's wort (*Hypericum perforatum*). A number of wild flowers that used to be cornfield weeds are now very rare in the wild but suitable for creating a colourful patch of annuals in a cottage garden: corn poppy (*Papaver rhoeas*), cornflower (*Centaurea cyanus*), corn marigold (*Chrysanthemum segetum*) and corncockle (*Agrosthema githago*) maybe. In a previous chapter, native bulbs that can be purchased, like wild daffodil (*Narcissus pseudonarcissus*), bluebell (*Hyacinthoides non-scriptus*), snowdrop (*Galanthus nivalis*) and star-of-Bethlehem (*Ornithogalum umbellatum*) were described. I will restrict my comments to those I have grown.

I have grown ox-eye daisies (*Leucanthemum vulgare*) from seed myself and they were easy, lovely low growing plants for an open situation but are quickly shaded out where the vegetation is luxuriant. Herb Robert (*Geranium robertianum*) was introduced accidentally from my parents' garden years ago. It is a weed in both gardens but I am fond of it. Thus, where it is convenient it can stay, with its pungent red-stemmed leaves and little pink flowers. It is an annual but a persistent self-seeder.

ganlyniad, ble mae'n gyfleus caiff aros, gyda'i ddail sawrus, coesgoch a'i flodau bach pinc. Planhigyn unflwydd ydyw ond mae'n hunanhadu'n barhaus.

Dim ond o dan amgylchiadau arbennig iawn y gellir cyfiawnhau mynd â phlanhigion o'r gwyllt – yn wir, mae bellach yn anghyfreithlon gwneud hyn heb ganiatâd y tirfeddiannwr. Ond os gwyddoch am ddarn o dir sydd yn anochel yn mynd i gael ei ddinistrio, efallai fod achos dros achub planhigion. Felly roedd hi gyda hen doriad rheilffordd gerllaw tŷ ffrind, a oedd i'w chwalu ar waethaf pob protest. Trueni mawr! Ond o leiaf mae rhyw gymaint o'r llygad doli (*Veronica chamaedrys*), troed-yr-iâr (*Lotus corniculatus*), garlleg-y-berth (*Alliaria petiolata*) a thafod-yr-hydd (*Asplenium scolopendrium*) yn goroesi hyd heddiw yn fy ngardd i. Does yr un ohonynt yn blanhigion prin ond roeddent yn werth eu hachub serch hynny. Mae troed-yr-iâr, yn enwedig, yn gwneud matiau mor lliwgar o felyn ar ymyl y border fel na allaf ddeall pam na thyfir hwynt mewn gerddi yn rheolaidd.

Planhigion lluosflwydd sydd ar werth yn aml yw milddail (*Achillea millefolium*), grug (*Calluna vulgaris*), clustog Fair (*Armeria maritima*), triaglog (*Valeriana officinalis*), glesyn-y-coed (*Ajuga reptans*), llys-y-neidr (*Silene dioica*) a briallu (*Primula*

Only in very special circumstances can it be justified to take plants from the wild and it is now illegal to do so without the owner's permission. If you know of a plot that is inevitably going to be destroyed, perhaps rescuing plants can be justified. Thus it was with a railway cutting near a friend's house despite every protest. A great pity! At least, the germander speedwell (*Veronica chamaedrys*), bird's foot trefoil (*Lotus corniculatus*), Jack-by-the- hedge (*Alliaria petiolata*) and hart's tongue (*Asplenium scolopendrium*) survive to this day in my garden. None of them rarities but worth saving nevertheless. Bird's foot trefoil particularly makes such colourful yellow mats at the edge of the border I can't understand why it isn't regularly grown in gardens.

Perennial plants often seen for sale include yarrow (*Achillea millefolium*), heather (*Calluna vulgaris*), thrift (*Armeria maritima*), valerian (*Valeriana officinalis*), bugle (*Ajuga reptans*), red campion (*Silene dioica*) and primrose (*Primula vulgaris*). The native yarrow is a much smaller plant than the big, yellow yarrow (*Achillea filipendulina*) often grown in gardens. It needs an open, sunny position and is often a weed in lawns. Though its white flower-heads are nice enough I prefer the variety called 'Cerise Queen' that is deep pink and more showy. I grew this successfully

Achillea millefolium

Primula vulgaris

Viola riviniana

Primula veris

Lamium album

Centranthus ruber

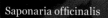
Saponaria officinalis

vulgaris). Mae'r milddail cynhenid yn llawer llai o blanhigyn na'r milddail mawr melyn (*Achillea filipendulina*) a dyfir yn aml mewn gerddi. Mae angen lleoliad agored, heulog arno, a bydd yn tyfu fel chwyn mewn lawntiau'n aml. Er bod y pennau blodau gwyn yn ddigon neis, gwell gennyf y math a elwir 'Cerise Queen', sy'n binc tywyll ac yn gwneud mwy o sioe. Tyfais hwn yn llwyddiannus nes iddo gael ei gysgodi gan gymdogion mwy cydnerth. Erbyn heddiw bridiwyd mathau of filddail mewn amryw liwiau (melyn, oren, coch, hufen) sy'n addas i'w tyfu mewn borderi ac yn well planhigion gardd na'r un gwyllt. Bu clustog Fair yn boblogaidd mewn gerddi erioed ond mae'n gofyn am yr un amodau tyfu â'r creigleoedd ble mae'n byw yn y gwyllt. Fel gyda milddail, ceir mathau a lliwiau mwy dwfn na'r un gwyllt i'w tyfu mewn gerddi, sy'n gwneud gwell sioe. Tyfais ef â phleser mawr, ond yn y pen draw trodd yn frown a marw'n ddireswm, hyd y gwela i, er fy mawr ofal drosto. Gwlybaniaeth y gaeaf yw'r broblem fwyaf tebygol. Mae glesyn-y-coed yn taflu sbrigau glas digon pert ar ymylon coedlannau ac mewn perthi yn hwyr yn y gwanwyn ac mae gan y mathau sydd ar gael i'w tyfu mewn gardd fantais o ddeiliant diddorol hefyd, fel 'Atropurpurea' sydd â dail porffor tywyll. Mae'r glesyn yn hoff o gysgod ond fe dyf mewn safle agored hefyd. Mae'n dueddol

until it was shaded out by more robust neighbours. Nowadays there are many varieties of yarrow available in lots of colours (yellow, orange, red, cream) that are suitable for growing in borders and are better plants than the wild type. Thrift has always been popular in gardens and demands the same conditions as in the rocky places where it grows in the wild. As with yarrow there are varieties for growing in gardens with deeper colours than the wild type that stand out better. I grew it with great pleasure but finally it turned brown and died out for no apparent reason despite my care. I suspect winter wet was the problem. Bugle throws up pretty enough blue spikes at woodland edges and in hedgerows late in the spring and there are garden varieties that have the advantage of interesting foliage too, such as 'Atropurpurea' with dark purple leaves. Bugle likes shade but will also grow in the open. It tends to suffer from mildew but usually recovers.

Primroses (*Primula vulgaris*) and cowslips (*Primula veris*) are two wild flowers loved by all, and thank goodness they appear to be returning having been cut and sprayed out of existence everywhere. Both can be grown from seed but germination success can be poor unless they get a cold spell (e.g. by keeping them in the freezer). Though it is more expensive, I have found it better

Lamiastrum galeobdolon

Stachys sylvatica

o ddioddef o lwydni ond bydd fel arfer yn gwella.

Mae briallu (*Primula vulgaris*) a briallu Mair (*Primula veris*), yn ddau flodyn gwyllt y mae pawb yn eu caru, a diolch byth, ymddengys eu bod yn ailafael yn y perthi a'r cloddiau ar ôl iddynt gael eu torri'n ôl a'u chwistrellu ymhobman. Gellir tyfu'r ddau o hadau ond gall llwyddiant yr egino fod yn siomedig os na chânt ysbaid oer (e.e. trwy eu cadw yn y rhewgell). Er ei bod yn fwy costus, rwyf wedi'i chael hi'n well prynu planhigion mewn potiau. Gwell gan y ddau bridd

to buy plants in pots. Both prefer heavier soil than I have. Primroses are more shade-tolerant, cowslips prefer an open spot; in the wild primroses are woodland and hedgerow plants, of course, whereas cowslips are meadow flowers. Both are yellow, the second deeper than the first, and there are hybrid varieties with pink and purple flowers that have always been grown in gardens. I think these are more suitable than the modern 'Polyanthus' hybrids, that are brighter colours, as they are too gaudy. Violets go with primroses, in the garden as in the wild; dog violet

trymach na'r hyn sydd gen i. Mae briallu'n fwy goddefgar o gysgod, ond gwell gan friallu Mair le agored; yn y gwyllt, wrth gwrs, blodau'r perthi a'r coedlannau yw briallu, a blodau'r weirglodd yw briallu Mair. Melyn yw lliw'r ddau, yr ail yn ddyfnach ei liw na'r cyntaf, ond gellir cael mathau croesryw pinc a phorffor sydd wedi'u tyfu mewn gerddi bwthyn erioed. Credaf fod y rhain yn fwy addas na'r croesryw modern, y 'Polyanthus' â'u lliwiau cryf, sy'n llawer rhy llachar. Mae fioled yn mynd yn dda gyda briallu, yn yr ardd fel yn y gwyllt; bu fioled-y-ci (*Viola riviniana*) yn chwyn yn fy ngardd ers i mi gael darn ohono o ardd ffrind. Bydd yn blodeuo'n well ac yn cadw'i liw yn y cysgod; yn llygad yr haul mae'n tueddu i bylu neu fethu agor. Ni thyfais y fioled bêr (*Viola odorata*) erioed, ond byddai hwn yn addas iawn mewn gardd fwthyn.

Tyfir dau fath o driaglog gwyllt mewn gerddi. Yn gyntaf, y triaglog coch (*Centranthus ruber*), sy'n dod mewn math gwyn hyfryd hefyd. Mae angen llecyn heulog a phridd sy'n draenio'n dda ar hwn. Fe'i gwelir wedi ymgartrefu ar hen waliau fel arfer. Mae'n hadu'n rhwydd a gall wneud twffau mawr o ddeiliant suddlon gwyrdd llachar; gall fod braidd yn llethol ond mae bob amser yn ddeniadol. Planhigyn ysgafnach yw'r triaglog cyffredin (*Valeriana officinalis*) a'i flodau o liw porffor golau. Mae ganddo ddeiliant diddorol,

(*Viola riviniana*) has been a weed in my garden after I had some from a friend. It flowers better and keeps its colour in shade; in full sun it tends to fade or fail to open. I have never grown sweet violets (*Viola odorata*) but they would certainly be suitable for a cottage garden.

Two kinds of wild valerian are grown in gardens. The first, red valerian (*Centranthus ruber*), that comes in a lovely white variety too, needs a sunny spot and good drainage. It is commonly seen naturalised on old walls. It seeds easily and can make large clumps of sappy bright green leaves; it can be overwhelming but it is always attractive. The common valerian (*Valeriana officinalis*) is lighter with pale mauve flowers. It has interesting ferny foliage and can grow tall in good soil. To my nose it smells of stale sweat so grow it where it can be seen but not smelt! Some of the best and most robust wild flowers to grow in gardens belong to the dead-nettle family. Striped dead-nettle (*Lamium maculatum*) is grown chiefly for its foliage; red dead-nettle (*Lamium purpureum*) turns up occasionally as an annual weed that can be tolerated. I grew white dead-nettle (*Lamium album*) from cuttings of plants growing along the path at the college where I taught and it is as pretty as any garden plant. Hedge woundwort (*Stachys sylvatica*) though, despite pretty enough maroon flowers,

rhedynog, a gall dyfu cyn daled â dyn mewn pridd da. I'm ffroenau i, mae arogl y blodau fel hen chwys, felly tyfwch ef mewn man lle gellir ei weld ond nid ei arogleuo! Daw rhai o'r blodau gwyllt gorau a mwyaf cydnerth i'w tyfu mewn gerddi o deulu'r farddanhadlen. Planhigyn gardd yw'r farddanhadlen fraith (*Lamium maculatum*) sy'n cael ei dyfu am eu ddeiliant yn bennaf; mae'r farddanhadlen goch (*Lamium purpureum*) yn ymddangos o bryd i'w gilydd fel chwyn unflwydd y gellir ei oddef. Tyfais y farddanhadlen wen (*Lamium album*) o doriadau planhigion oedd yn tyfu yn ymyl y llwybr yn y coleg ble arferwn ddysgu ac mae'r un mor brydferth ag unrhyw blanhigyn gardd. Mae briwlys-y-gwrych (*Stachys sylvatica*), er bod ganddo flodau marŵn digon pert, wedi bod yn fwy o broblem drwy hadu'n hael a lledu i bob man trwy gyfrwng brigau tanddaearol. Math gardd o'r farddanhadlen felen (*Lamiastrum galeobdolon*) sydd gennyf i, â dail brith a stribedi arian arnynt. Hyfryd iawn, ond mae hon hefyd yn dueddol o ymestyn yn rhy hawdd a chymryd drosodd. Planhigion ar gyfer cornel y domen gompost efallai, neu gorneli o'r neilltu mewn cysgod, ble na fydd llawer o ddim byd arall yn ffynnu. Serch hynny, mae'n werth eu goddef, gan fod y blodau cycyllog yn ddeniadol iawn i wenyn.

has been more of a problem as it seeds prodigiously and spreads everywhere by subterranean runners. I have the garden variety of yellow archangel (*Lamiastrum galeobdolon*) with leaves variegated with a silver stripe. It is lovely but also tends to spread everywhere and take over too readily. Plants perhaps for the compost heap corner, or a shady corner out of the way where little else thrives, but worth tolerating as the hooded flowers are very attractive to bees.

Asplenium trichomanes

Dryopteris felix-mas *Crispa*

Asplenium scolopendrium

Dryopteris affinis *Polydactyla*

Wrth sôn am ddeiliant da, cofiwch am redyn cynhenid. Mae duegredynen-y-forwyn (*Asplenium trichomanes*) a duegredynen-y-muriau (*Asplenium ruta-muraria*) yn tyfu'n naturiol ar waliau cerrig fy ngardd ac rwy'n eu gwarchod. Mae gennyf sawl math o farchredyn (*Polystichum*), tafod-yr-hydd (*Asplenium scolopendrium*) a gwibredyn (*Blechnum spicant*), ac fel pob rhedyn, maent yn blanhigion da i'w tyfu mewn pot. Hefyd bydd rhedyn yn tyfu'n llwyddiannus yn y cysgod ble na fydd dim byd arall yn ffynnu. Mae marchredyn a thafod-yr-hydd yn fythwyrdd, er eu bod yn edrych yn garpiog iawn erbyn y gwanwyn!

Un o'r dulliau mwyaf effeithiol o ddenu amrywiaeth o fywyd gwyllt i'r ardd yw creu gwlyptir bach trwy gloddio pwll dŵr. Nid yw pwll yn nodwedd o'r

Talking of good foliage, don't forget native ferns. I cherish the maidenhair spleenwort (*Asplenium trichomanes*) and wall-rue spleenwort (*Asplenium ruta-muraria*) which grow naturally on the stone walls of my garden. I have several varieties of shield-fern (*Polystichum*), hart's tongue (*Asplenium scolopendrium*) and hard fern (*Blechnum spicant*) and like all ferns they are good subjects for pots. Also, ferns grow successfully in shade, where little else thrives. The shield-fern and hart's tongue are evergreen but they look very tatty by spring!

One of the most effective ways of attracting a variety of wildlife to a garden is to create a mini wetland by digging a pond. Ponds are not a traditional feature of cottage gardens but there would have

ardd fwthyn draddodiadol ond byddai gan yr hen fythynnwr fynediad i bwll cyfagos ar gyfer dyfrhau'r anifeiliaid ym mhob pentref a fferm erstalwm a byddai'r planhigion a'r creaduriaid oedd yn gysylltiedig ag ef yn gyfarwydd i'r

been nearby ponds to water the animals in every village and farm years ago and the associated plants and animals would have been familiar to the old cottagers. Most of the ponds and ditches have been drained and have disappeared by now

Grifft brogaod yn y pwll
Frogspawn in the pond

Mursennod mawr coch
Large red damselfiles
Pyrrhosoma nymphula

hen dyddynnwr. Cafodd llawer o'r pyllau a'r ffosydd eu draenio bellach ac maent wedi diflannu, felly daeth pwll yr ardd yn bwysig iawn i warchod organebau a arferai ddibynnu ar y cynefinoedd a gollwyd. Mae pwll yn fagned i ddenu pryfed fel gwas-y-neidr, mae'n darparu dŵr ar gyfer adar a chreaduriaid eraill, ac mae'n gartref i frogaod a madfallod-y-dŵr. Bydd yr adar a'r brogaod yn eu tro yn bwyta malwod a phlâu eraill.

Nid dyma'r lle i roi cyfarwyddyd ar sut i greu pwll ond cynigiaf ddau air o gyngor yn deillio o'm profiad i. Yn gyntaf, er bod y darn lleiaf o ddŵr yn well na dim, gwnewch eich pwll mor fawr â phosibl. Po fwyaf y pwll, mwyaf yr amrywiaeth o blanhigion a chynefinoedd fydd yn tyfu. Ceisiwch feddalu'r ochrau â phlanhigion ymylol a gwnewch y pwll yn ddigon dwfn i greaduriaid aeafu'n llwyddiannus o dan yr iâ. Rwyf wedi defnyddio leinin a siapau plastig ffibr yn llwyddiannus. Yn ail, pan fyddwch yn creu eich pwll, byddwch yn ofalus bod yr ochrau gyfuwch â'i gilydd cyn ei lenwi, neu bydd y dŵr hyd at yr ymyl ar un ochr, a'r leinin yn dangos uwchben y dŵr ar yr ochr arall. Mae hyn yn swnio'n amlwg ond mae'n haws gwneud camgymeriad ac yn anos ei ddatrys nag y byddech yn tybio.

Wrth ddewis planhigion, gwnewch yn siŵr eich bod yn sefydlu tyfiant da o rai sy'n rhoi ocsigen i'r dŵr, fel myrdd-ddail (*Myriophyllum*) neu

so garden ponds have become important havens for organisms that depended on these lost habitats. A pond attracts insects like dragon-flies like a magnet, it provides water for birds and other creatures, and is a home for frogs and newts. The birds and amphibians in turn eat slugs and other pests.

This is not the place to give instructions on how to construct a pond but a few words of advice arising from experience. The bigger the pond, the bigger the variety of plants and habitat that will grow. If possible soften the edges with marginal plants and make the pond deep enough for creatures to overwinter successfully under the ice. I have used both liner and fibre plastic shapes successfully. Secondly, when building your pond take care that the sides are level before you begin to fill it with water or one side will be filled to the brim leaving liner showing on the other side. This sounds obvious but it is easier to make a mistake and harder to put it right than you'd think.

When choosing plants be sure to establish a good growth of oxygenators like pondweed (*Potamogeton*) or water-milfoil (*Myriophyllum*). This helps prevent algal growth. Don't worry too much if the water turns green at first, or in the spring; if you are patient the balance will be restored to the water naturally. Be sure you know what you

Broga melyn
Common frog
Rana temporaria

ddyfrlys (*Potamogeton*). Mae hyn yn help i rwystro alga rhag tyfu. Peidiwch â phoeni'n ormodol os bydd y dŵr yn troi'n wyrdd ar y dechrau, neu yn y gwanwyn; os byddwch yn amyneddgar bydd cydbwysedd y dŵr yn dychwelyd yn naturiol. Byddwch yn siŵr eich bod yn gwybod beth rydych yn ei blannu – aeth sawl planhigyn dŵr a gyflwynwyd i byllau addurniadol yn bla ar ôl dianc i'r gwyllt. Mae hyd yn oed yr ardderchog ffugalan Canada (*Elodea canadensis*), sy'n llenwi'r dŵr ag ocsigen, yn achosi pryder, felly peidiwch â gadael iddo grwydro allan o'r ardd. Ceir digon o ddewis o blanhigion cynhenid hyfryd i'w tyfu ar yr ymylon, fel y frwynen flodeuog (*Butomus umbellatus*), llyriad-y-dŵr (*Alisma plantago-aquatica*), saethlys (*Sagittaria sagittifolia*), mintys-y-dŵr (*Mentha aquatica*), llafnlys (*Ranunculus lingua*), aur-y-gors (*Caltha palustris*) a'r ellesgen (*Iris pseudacorus*). Mae rhai o'r

are planting; there are a number of water plants that were introduced to ornamental ponds that have escaped and are major pests in the wild. Even the excellent oxygenator Canadian pondweed (*Elodea canadensis*) is causing concern, so don't let it out of the garden. There is plenty of choice of lovely native plants to grow on the margins such a flowering rush (*Butomus umbellatus*), water-plantain (*Alisma plantago-aquatica*), arrowhead (*Sagittaria sagittifolia*), water-mint (*Mentha aquatica*), greater spearwort (*Ranunculus lingua*), marsh marigold (*Caltha palustris*) and yellow flag (*Iris pseudacorus*). Some of these, incidentally, like the yellow flag, meadow sweet (*Filipendula ulmaria*) and loosestrife (*Lythrum salicaria*) will flourish in the drier soil of the border too. They are all vigorous growers that will need controlling. Water-lilies

rhain, gyda llaw, fel yr ellesgen, erwain (*Filipendula ulmaria*) a llysiau'r milwr (*Lythrum salicaria*), yn gallu ffynnu ym mhridd sychach y border hefyd. Maent i gyd yn tyfu'n egnïol, felly bydd angen eu rheoli. Hyfryd iawn hefyd yw tyfu lili'r dŵr (*Nymphaea*) ond mae'n anodd dod o hyd i un un sy'n cadw at ddisgrifiad y catalog! Gwariais swm sylweddol ar y math 'Froebelii' er mwyn cael blodau coch ar blanhigyn a fyddai'n siwtio fy mhwll i o ran lliw a maint – ond llanwodd y pwll droeon, a bu raid ei rannu yn aml. Mae'n llawn werth y drafferth, serch hynny!

(*Nymphaea*) are also lovely to grow but it is difficult to find one that keeps to the size described in the catalogue! I spent a tidy sum on a variety called 'Froebelii' in order to get red flowers on a plant that fitted my pond but it has filled the pond several times and has had to be divided often. Well worth the trouble nevertheless!

Iris pseudacorus

Ni fydd angen cyflwyno bywyd gwyllt i'r pwll; caiff digon eu denu yno'n naturiol. Ond mewn gardd amgaeedig mewn tref, bu'n rhaid i mi gael grifft brogaod o bwll ffrind. Byddwch yn ofalus iawn wrth drosglwyddo planhigion neu greaduriaid o un lle i'r llall; dyma sut y bydd heintiau'n lledu a rhaid bod yn sicr iawn o'ch tarddiad. Mae'n well peidio â chael pysgod mewn pwll bywyd gwyllt; maent yn bwyta penbyliaid a chreaduriaid eraill y dŵr nes eu difa'n llwyr. Gwell cael pwll ar wahân i bysgod.

Mae'r planhigion cynhenid a dyfais, a'r creaduriaid gwylltion di-ri a ddenwyd i'm gardd, wedi rhoi'r pleser mwyaf imi. Mae'n wir nad yw'r deiliant yn berffaith a bod ôl brathiadau ar y dail, ond mae cyffro a bywiogrwydd y bywyd gwyllt yn well o lawer na pherffeithrwydd gardd sy'n llawn estroniaid ffug yr olwg sydd yn gynnyrch chwistrellu a gwenwyno.

It will not be necessary to introduce wildlife to the pond, plenty will be attracted naturally. In my enclosed town garden however it was necessary to obtain frog-spawn from a friend's pond. But take great care transferring plants or animals from one place to another; this is how disease spreads, and you have to be very sure of your source. Better not to have fish in a wildlife pond; they eat tadpoles and other animals until they are entirely eliminated. Better to have a separate pond for fish.

The native plants I have grown and the countless wild creatures attracted to my garden have given me the greatest pleasure. True the foliage isn't perfect and leaves are often nibbled but the excitement and activity of wildlife is far preferable to the perfection of a garden full of false-looking exotics that are the product of sprays and poisons.

Filipendula ulmaria

Pennod 15

Adar yn yr ardd

Chapter 15

Birds in the garden

Enw Cymraeg	English Name	Enw Lladin / Latin Name	Ble a phryd? Where and when?
Crëyr glas	Grey heron	*Ardea cinerea*	Uwchben yn achlysurol Occasionally overhead
Meilart, hwyaden wyllt	Mallard	*Anas platyrhynchos*	Uwchben unwaith neu ddwy Overhead once or twice
Gwalch glas	Sparrowhawk	*Accipiter nisus*	Bron bob haf, wedi dal prae yn yr ardd Almost every summer, has hunted in the garden
Bwncath, boda	Buzzard	*Buteo buteo*	Uwchben yn achlysurol Occasionally overhead
Cudyll coch	Kestrel	*Falco tinnunculus*	Uwchben yn achlysurol, ddim yn ddiweddar Occasionally overhead, not lately
Hebog tramor	Peregrine falcon	*Falco peregrinus*	Unwaith uwchben Overhead once

Enw Cymraeg	English Name	Enw Lladin / Latin Name	Ble a phryd? Where and when?
Gwylan gefnddu leiaf	Lesser black-backed gull	*Larus fuscus*	Uwchben yn gyffredin Commonly overhead
Gwylan y penwaig	Herring gull	*Larus argentatus*	Uwchben yn gyffredin Commonly overhead
Gwylan benddu	Black-headed gull	*Larus ridibundus*	Uwchben yn gyffredin Commonly overhead
Colomen	Feral pigeon	*Columba livia*	Cyffredin Common
Turtur dorchog	Collared dove	*Streptopelia decaocto*	Cyffredin Common
Cog, cwcw	Cuckoo	*Cuculus canorus*	Unwaith, yn canu, flynyddoedd yn ôl Once, calling, many years ago
Gwennol ddu	Swift	*Apus apus*	Cyffredin uwchben yn yr haf Common overhead in summer
Gwennol	Barn swallow	*Hirundo rustica*	Anaml, uwchben yn yr haf Rarely, overhead in summer
Gwennol-y-bondo	House martin	*Delichon urbica*	Cyffredin uwchben yn yr haf Common overhead in summer
Siglen lwyd	Grey wagtail	*Moticilla cinerea*	Sawl gwaith yn y lôn gefn Frequent in back lane
Siglen fraith	White / Pied wagtail	*Moticilla alba*	Cyffredin yn y lôn gefn Common in back lane
Corhedydd-y-waun	Meadow pipit	*Anthus pratensis*	Unwaith, yn yr hydref Once in autumn
Dryw	(Winter) Wren	*Troglodytes troglodytes*	Aml, yn y gaeaf fel arfer Frequent, usually in winter
Llwyd-y-berth	Dunnock (Hedge sparrow)	*Prunella modularis*	Nawr ac yn y man yn y gaeaf Occasionally in winter
Robin goch	Robin	*Erithacus rubecula*	Cyffredin yn y gaeaf Common in winter
Tingoch	Common redstart	*Phoenicurus phoenicurus*	Unwaith, yn amlwg newydd lanio ar ôl ymfudo ddechrau Mai Once, obviously soon after migrating, early May
Tingoch ddu	Black redstart	*Phoenicurus ochruros*	Sawl gwaith yn y gaeaf Several times in winter

Enw Cymraeg	English Name	Enw Lladin / Latin Name	Ble a phryd? Where and when?
Aderyn du, mwyalchen	Blackbird	*Turdus merula*	Cyffredin, wedi nythu'n llwyddiannus ddwywaith Common, has successfully nested twice
Socan eira	Fieldfare	*Turdus pilaris*	Prin iawn, gaeaf Very rare, winter
Tanadain goch	Redwing	*Turdus iliacus*	Prin iawn, gaeaf Very rare, winter
Bronfraith	Song thrush	*Turdus philomelos* (=*T. ericetorum*)	Achlysurol, mewn tywydd caled yn y gaeaf Occasional, during hard winters
Brych-y-coed	Mistle thrush	*Turdus viscivorus*	Prin iawn, gaeaf Very rare, winter
Telor penddu	Blackcap	*Sylvia atricapilla*	Cyffredin hob gaeaf Common every winter
Telor-y-danadl	Whitethroat	*Sylvia communis*	Nawr ac yn y man yn pasio drwodd yn yr hydref Occasional on passage in autumn
Telor-yr-helyg	Willow warbler	*Phylloscopus trochilus*	Achlysurol yn y gwanwyn Occasional in spring
Siff-saff	Chiffchaff	*Phylloscopus collybita*	Yn aml yn y gaeaf Frequent in winter
Eurben	Goldcrest	*Regulus regulus*	Prin iawn Very rare
Titw gynffonhir	Long-tailed tit	*Aegithalos caudatus*	Haid o wyth neu ragor yn pasio drwodd o bryd i'w gilydd Flock of eight or more pass occasionally
Titw penddu	Coal tit	*Parus ater*	Yn brin iawn yn y gaeaf Very rare, winter
Titw mawr	Great tit	*Parus major*	Aml yn y gaeaf Frequent in winter
Titw Tomos las	Blue tit	*Parus caeruleus*	Cyffredin iawn yn y gaeaf, prinnach yn yr haf Frequent in winter, rarer in summer
Dringwr bach	Tree creeper	*Certhia familiaris*	Unwaith yn unig ar y ddraenen wen Once only on the hawthorn

Enw Cymraeg	English Name	Enw Lladin / Latin Name	Ble a phryd? Where and when?
Ji-binc	Chaffinch	Fringilla coelebs	Cyffredin yn y gaeaf Common in winter
Llinos werdd	Greenfinch	Carduelis chloris	Bu'n gyffredin, prinnach yn ddiweddar, gaeaf Was common, rarer of late, winter
Pila gwyrdd	Eurasian siskin	Carduelis spinus	Achlysurol yn y gaeaf, ddim ers sawl blwyddyn Occasionally in winter, not for many years
Nico	European goldfinch	Carduelis carduelis	Cyffredin yn hedfan uwchben yn enwedig yn yr haf Commonly seen above especially in summer
Coch y berllan	Common bullfinch	Pyrrhula pyrrhula	Dim ond unwaith neu ddwywaith, gwaetha'r modd Once or twice
Aderyn y to	House sparrow	Passer domesticus	Cyffredin haf a gaeaf Common summer and winter
Drudwy	Starling	Sturnus vulgaris	Cyffredin, niferoedd mawr yn dod i'r offer bwydo yn y gaeaf Common, large numbers visit feeders in winter
Pioden	(Black-billed) Magpie	Pica pica	Cyffredin Common
Jac-y-do	Jackdaw	Corvus monedula	Cyffredin Common
Ydfran	Rook	Corvus frugiligus	Nawr ac yn y man Occasionally
Brân dyddyn	Carrion / Hooded crow	Corvus corone	Cyffredin uwchben Common above
Cigfran	(Great) Raven	Corvus corax	Nawr ac yn y man i'w clywed yn croncian uwchben Heard cronking above occasionally

Tabl Diddordeb Tymhorol

Table of Seasonal Interest

Mis Month	Bylbiau Bulbs	Planhigion Unflwydd a Deuflwydd Annuals and Biennials	Planhigion Lluosflwydd Perennials	Coed a Llwyni Trees and Shrubs	Eraill Others
Ionawr January				Celyn, iorwg, *Skimmia*, bocsen-y-Nadolig Holly, ivy, *Skimmia*, Christmas box (*Sarcococca*)	
Chwefror February	Eirlys, saffrwm Snowdrop, crocus		Troed-yr-arth Hellebores	*Daphne* *Daphne*	
Mawrth March	Cennin Pedr Daffodil		Briallu Primroses	Blodau ceirios, y ddraenen ddu, *Forsythia* Cherry blossom, blackthorn, *Forsythia*	Beryn-yr-ardd lluosflwydd Perennial candytuft

Mis Month	Bylbiau Bulbs	Planhigion Unflwydd a Deuflwydd Annuals and Biennials	Planhigion Lluosflwydd Perennials	Coed a Llwyni Trees and Shrubs	Eraill Others
Ebrill April	Tiwlip cynnar Early tulips	Blodau Mam-gu, y geiniog arian Wallflowers, honesty	Dagrau'r Iesu Bleeding heart	Blodau afalau a gellyg, *Kerria* Apple and pear blossom, *Kerria*	Berw'r graig *Aubretia, Arabis*
Mai May	Clychau'r gog, tiwlip hwyr Bluebells, late tulips	Na'd-fi'n-angof, troed-y-golomen Forget-me-not, columbine	Balchder Llundain, lili'r dyffryn, sêl Solomon London Pride, lily-of-the-valley, Solomon's Seal	Lelog, banadl, tresi aur, y ddraenen wen Lilac, broom, laburnum, hawthorn	Clematis cynnar, creithig bêr Early clematis, sweet Cicely
Mehefin June	*Allium 'Purple Sensation', Gladiolus byzantinus* *Allium* 'Purple Sensation', *Gladiolus byzantinus*	Bysedd-y-cŵn, penigan barfog Foxglove, Sweet William	Pig-yr-aran mantell-y-forwyn, bysedd-y-blaidd, troed-yr-ehedydd Cranesbills, lady's mantle, lupins, *Delphinium*	Rhosod, Weigela Roses, *Weigela*	Lafant Lavender
Gorffennaf July	*Allium sphaerocephalon,* lili *Allium sphaerocephalon,* lilies	Blodau'r haul, Meri-a-Mari, perbys Sunflowers, nasturtiums, sweet peas	Fflocs, lili undydd, llysiau'r milwr, llysiau Llywelyn Phlox, day-lily, loosestrife, speedwells		Clematis hwyrach, penrhudd, ffenigl Later clematis, marjoram, fennel
Awst August		Cosmos, planhigion unflwydd yr ŷd, melyn Mair *Cosmos,* cornfield annuals, marigolds	Y geirchen goch, llygad-y-dydd Shasta, sebonlys, clymogion, blodau Helen, gwialen aur, *Inula* Montbretia, Shasta daisies, soapwort, *Persicaria, Helenium,* golden rod, *Inula*	Rhosod sy'n ailflodeuo, *Buddleia, Hibiscus* Repeat-flowering roses, *Buddleia, Hibiscus*	Blodyn-y-dioddefaint Passion-flower

Mis Month	Bylbiau Bulbs	Planhigion Unflwydd a Deuflwydd Annuals and Biennials	Planhigion Lluosflwydd Perennials	Coed a Llwyni Trees and Shrubs	Eraill Others
Medi September			Briweg fawr Ice-plant	*Fuchsia, Abelia* *Fuchsia, Abelia*	Gwinwydden y Forwyn Virginia creeper
Hydref October	Siclamen *Cyclamen*			Dail lliwgar e.e. *Rosa rugosa*, pren ceirios Autumn leaf colour e.g. *Rosa rugosa*, cherries	Aeron e.e. y llosg-ddraenen Berries e.g. firethorn (*Pyracantha*)
Tachwedd November		Hadlestri'r geiniog arian Seedpods of honesty		Llwyni bythwyrdd, jasmin-y-gaeaf Evergreen shrubs, winter jasmine	
Rhagfyr December			Eto Ditto	Eto Ditto	

Mynegai

Index

Armeria maritima 226
Asplenium ruta-muraria 234
Asplenium trichomanes 234
Asplenium scolopendrium 113-14, 206, 226, 234
Artemisia absinthum 170
Aster x novi-belgii 97
Astilbe 112-13
Astrantia 89, 94-95
Aubretia 145-46

B

Balchder Llundain 22, 151, 206
Balm lemwn 170
Banadl 47
Banhadlen 31
Bedwen 30
Berw'r graig 145
Berwigod 156
Beryn Chwerw Unflwydd 142
Beryn-yr-ardd lluosflwydd 149
Blodau Mam-gu 22, 117, 119
Blodau melynwy 142
Blodau'r Brenin 88
Blodau'r clychau 103
Blodau'r enfys 195
Blodau'r haul 142
Blodau'r haul lluosflwydd 97
Blodau'r gwynt 109, 197
Blodau'r neidr 225
Blodau'r gwynt Siapan 109
Blodyn Helen 24, 97
Blodyn-y-Dioddefaint 82, 206
Bocsen 38
Bocsen-y-Nadolig 205
Boneddiges y wig 122
Briallu 16, 22, 152, 222, 226, 230-31
Briallu Mair 230-31
Britheg 197
Briweg mawr 25, 107-08, 203
Briwlys-y-gwrych 232
Brwynen flodeuog 232
Brogaod 214, 235, 237-38, 242
Bwlwg-yr-yd 225
Byddon chwerw 99

B

Baptisia australis 88
Begonia semperflorens 209-10
Betonica officinalis 225
Betula pendula 30, 32
Blechnum spicant 234
Buddleia 23, 53-54, 108
Butomus umbellatus 238
Buxus sempervirens 38

B

Badgers 213
Baptisia 88
Bay 41
Bearded Iris 196
Bees 16, 42, 53, 142, 216, 221, 232
Beech 28, 33
Beetles 216, 219
Beetle, Lily 194
Bellflowers 101, 103, 151
Bellflower, Italian 151, 206
Bellflower, Nettle-leaved 103, 222
Betony 225
Birch 30
Bird's foot Trefoil 224, 226
Bistort 107
Bleeding Heart 15, 22, 111
Bloody Cranesbill 149
Bluebell 16, 22-23, 122, 186-88, 190, 225
Bluebell, Spanish 186-87
Boston Ivy 78
Box 38
Broom 47
Buddleia 52-54
Butterflies 42, 107, 216
Bugle 152, 226, 229

Phlox 23, 100-101
Pilosella aurantica 156-57
Pinus sylvestris 43
Potamogeton 237-38
Polygonatum x hybridum 90-91
Polystichum setiferum 206, 208
Populus 30
Potentilla 23, 36, 38, 96
Primula veris 227, 229-30
Primula vulgaris 152, 222, 226-27,
229-30
Prunus Amanogawa 28
Prunus x cistena 28
Prunus tenella 28
Pyracantha 40, 44
Pyrrhosoma nymphula 236

Q
Quercus

R
Ruw 164

Rh
Rhedynnau 113-14, 203, 232-34
Rhosmari 36, 161, 209
Rhosod gweler Pennod 5
Rhosod Saesneg 66
Rhosod sy'n crwydro 70, 82
Rhosod sy'n dringo 28, 70, 80-82
Rhubannau'r bechgyn 113

S
Saethlys 238
Saets 161, 163-64
Safri'r gerddi 164
Safri lluosflwydd 164
Saffrwm 22, 24, 183-84, 196, 209, 216
Sebonllys 99, 101

R
Ranunculus lingua 238
Rhododendron 40
Rosmarinus officinalis 161-62,
Rosa 60-61, 63-64, 71, 80-81
Rosa rugosa 25
Rumex acetosa 170
Ruta graveolens 164

S
Sagittaria sagittifolia 238
Salix 30
Salvia officinalis 163
Sambucus niger 47
Sambucus niger Aureomarginata 46,
49

R
Rabbits 213
Rambler roses 70, 82
Rats 214
Red Campion 225-26
Red Dead-nettle 231
Red Poppy 133
Regal Lily 193
Rock-cress 145
Rock-rose 146, 166
Rhododendron 40, 43-44, 55, 206
Roses see Chapter 5
Rosemary 36, 161, 209
Rowan 27, 30, 81
Rue 164
Runner Beans 73
Russian Almond 28

S
Sage 161, 163
Sand Cherry 28
Savoury 164
Saxifrage, Mossy 151
Scots pine 43
Shasta daisy 97-98

T

T

T

NODIADAU  NOTES

NODIADAU ❦ NOTES

Nodiadau  Notes